Benjamin Saviard • Mathieu Wilkens • René Marchand

LES ICEBERGS DE LA SANTÉ MENTALE

GUIDE DE NAVIGATION AU SEIN DE L'ENTREPRISE

LES REPÈRES ET LES OUTILS PRATIQUES D'UN ENJEU DE PRÉVENTION CAPITAL

ICAS FRANCE©

Vous souhaitez partager
votre avis sur ce livre ?

Utilisez le QR Code suivant
pour indiquer aux auteurs ce
qui vous a plu ou déplu

www.icas-france.com

“

Nous dédions ce livre à tous les entrepreneurs, à tous les dirigeants, les managers, à l’ensemble des employés ainsi qu’aux membres de leur foyer. Car la santé mentale est l’affaire de tous, avant d’être une obligation.

”

Benjamin, Mathieu, René

“

Concernant le procédé d’analogie utilisé avec un épisode tragique de l’histoire maritime que nous développons tout au long du livre, nous exprimons nos plus respectueuses pensées pour l’ensemble des personnes disparues.

”

Benjamin, Mathieu, René

Préface

Quel point commun entre une voiture, un paquebot de croisière, le capital humain d'une entreprise et votre santé ? Pour bien fonctionner, tous nécessitent une certaine forme d'action préventive. Une telle action consiste parfois simplement à s'arrêter au bon moment, raison pour laquelle les voitures sont équipées de freins. Mais, tôt ou tard, faute d'intervention dans les temps, un dysfonctionnement (panne), une catastrophe (accident) ou une maladie peuvent survenir.

Dans la nuit du 14 au 15 avril 1912, le *Titanic* aurait pu ralentir et laisser passer la nuit en attendant le jour, comme le cargo Californian, immobilisé non loin. En poursuivant sa route malgré les alertes, le célèbre paquebot, pourtant supposé insubmersible, a fini par faire naufrage. Le Californian et tous ses passagers ont survécu au champ de glace.

Ainsi, plutôt que de courir des risques élevés d'accident ou de crise, une prévention précoce (traduction du concept anglais Early Prevention) se révèle non seulement judicieuse, mais aussi bien moins coûteuse. Cela relève de l'évidence pour le monde physique, y compris en matière de santé.

Qu'en est-il de l'aspect mental de la santé ? Souvent peu visible, il existe néanmoins. Et on ne s'en préoccupe généralement que trop tard… après un impact négatif, quand le stress, l'épuisement professionnel, le manque d'orientation ou de résilience ont déjà produit leurs effets.

Consultant français en prévention de la santé mentale et des risques psychosociaux, entrepreneur francophone suisse et psychologue franco-allemand, les trois auteurs de ce guide ont mis leurs différentes expériences professionnelles en commun pour traiter de l'état d'esprit de la prévention, à entrevoir au plus tôt, particulièrement en ce qui concerne la santé mentale. Car c'est bien dans ce domaine qu'elle est le plus souvent négligée, alors que le retour positif est garanti.

La première partie de cet ouvrage rassemble un grand nombre d'informations et de repères statistiques permettant une prise de conscience et ouvrant la réflexion, pour un éveil à la prévention précoce de la santé mentale efficace dans votre propre univers. La seconde propose des outils à appliquer directement pour tirer le meilleur profit de cette prévention.

Tous les points abordés sont considérés selon les trois niveaux suivants :
- l'entreprise, en tant qu'organisation collective de personnes ;
- l'exécutif, dans son rôle de dirigeant et de manager responsable ;
- l'employé, en tant qu'être humain.

L'analogie avec le *Titanic*, qui sert de fil rouge à ce guide, permettra de comprendre à quel point il est fou, dangereux, voire stupide, de ne pas investir dans une prévention saine et précoce. Les bénéfices des actions préventives sont énormes. Il n'existe pas d'argument contraire à leur mise en place. Si l'on s'y prend au plus tôt (versus plus tard, donc trop tard), le succès de la prévention s'en trouve accru.

Les auteurs en sont convaincus par leur expérience quotidienne et vous garantissent une chose : votre plus grand risque est… un petit bénéfice !

Les auteurs Benjamin SAVIARD, Mathieu WILKENS et René MARCHAND vous souhaitent « bienvenue à bord ». Paris, le 16 octobre 2023.

Sommaire

1

ANALOGIE :
LE TITANIC, CHRONIQUE D'UN NAUFRAGE ANNONCÉ

La tragédie du *Titanic* est entrée dans l'Histoire. Les ressorts en sont désormais bien connus : des circonstances imprévues (glaces anormalement situées), une hiérarchie dépassée et réagissant avec retard, un équipage manquant de coordination... La succession d'événements ayant mené à la catastrophe permet d'éclairer d'un jour nouveau le thème principal de ce guide : une prévention précoce est aujourd'hui nécessaire pour tous les risques liés à la santé. Comme à l'époque pour la santé des passagers du *Titanic*, de son équipage, et la survie du paquebot lui-même.

Les auteurs en sont convaincus : le manque de prévention précoce et le naufrage du *Titanic* ont de nombreux éléments en commun. Vous découvrirez dans ce livre le parallèle entre les icebergs dans l'atlantique et les différents facteurs de risque d'impact pour notre santé mentale.

Pourtant, nous restons encore aveugles face aux icebergs de par leur trop peu probable potentialité de rencontre. Alors que la plupart des problématiques de santé physique sont traitées dans le cadre de l'obligation de sécurité et de prévention en entreprise, la santé mentale passe souvent inaperçue, quand elle n'est pas négligée.

Les conséquences dramatiques d'une action trop tardive s'appliquent également à tous les défis qui touchent à la santé mentale des êtres humains.

N. B. L'histoire du *Titanic* est traitée ici dans le respect de la mémoire des nombreux êtres humains qui ont perdu la vie dans la catastrophe. Ils ne doivent pas être oubliés.

Les icebergs, dangers visibles mais surtout invisibles

Les icebergs sont dangereux si on les heurte par surprise. Le constat est valable pour un paquebot, mais aussi pour un individu, un manager, et même pour une entreprise. La symbolique de l'iceberg, reprise de nombreuses fois dans ce guide, représente un risque, un danger, un défi ou une urgence que l'on peut rencontrer à tout instant et en tout lieu.

Les icebergs sont constitués de deux parties – l'une submergée, bien visible, et l'autre, immergée. Ils sont ainsi plus gros et plus dangereux sous la ligne de flottaison, où ils restent invisibles. La partie visible peut évidemment vous aider à éviter la collision ou l'accident. Mais le naufrage du *Titanic* prouve que ce n'est pas toujours le cas. De nombreux types d'icebergs seront abordés dans ce texte, toujours dotés d'une partie cachée protéiforme.

Cette glace non visible renvoie à la question suivante : « Pourquoi cet iceberg existe-t-il et flotte-t-il sur notre chemin de vie ? » La nature, la taille et le volume des icebergs détermineront la force de leur impact (léger ou grave), quelle que soit la situation à laquelle l'entreprise, le dirigeant ou l'individu est confronté. Idéalement, l'examen d'un iceberg en tant que danger ou risque devrait donc toujours inclure cette question : « Pour quelle raison cet iceberg existe-t-il et flotte-t-il devant moi/nous ? »

En règle générale, nous croisons, au cours de notre vie, deux types de dangers/icebergs/risques : (i) les icebergs physiques, mesurables donc tangibles ; (ii) les icebergs mentaux ou psychologiques, plutôt ressentis émotionnellement et individuellement. Les seconds peuvent parfois être vus, mais il est souvent trop tard pour éviter la collision…

Les messages d'alerte précoce, des informations vitales

Quelques heures avant de sombrer, le *Titanic* reçoit plusieurs messages l'alertant sur la présence de grands icebergs et la baisse de la température de l'air. Tous sont négligés, ignorés ou non pris au sérieux. Tenir compte en temps utile d'un signal d'alerte important vous permettra de contourner les dangers rencontrés sur votre chemin. Le plus tôt sera donc le mieux !

Toute entreprise, tout manager, tout employé reçoit des messages d'alarme au cours de son existence. Peut-être chaque jour et chaque semaine. À coup sûr, pendant des mois et des années. Sont-ils remarqués et considérés, plutôt tôt que trop tard ? Les messages d'alerte précoce sont des informations vitales : ils indiquent la probabilité croissante d'une crise à venir et donnent une chance à une action de prévention précoce de l'éviter.

Le degré d'importance et d'urgence du message d'alerte dépend de la situation de l'entreprise, du dirigeant ou de l'individu.

Le paquebot, un colosse aux pieds d'argile

En tant qu'individu, vous êtes passager ou membre de l'équipage d'un paquebot dont la zone de confort est luxueuse. La vie à bord est agréable et douce. L'organisation de l'entreprise est le bateau, qui navigue à pleine vitesse. Peut-être à l'aveuglette dans la nuit... Soudain, l'équipe dirigeante du navire est confrontée à une situation d'urgence extrêmement difficile, après avoir négligé les messages d'alerte précoce. Quel sera le comportement des dirigeants et managers, et quel en sera le résultat ? L'histoire du *Titanic* renvoie malheureusement l'image factuelle de nombreuses défaillances.

Ces défaillances peuvent généralement être évitées en appliquant les trois étapes de la prévention :

(1) analyse du cadre de la situation (possibilité d'icebergs à l'avant) que le navire ou une carrière pourrait rencontrer ;

(2) prise en compte des indicateurs ou des messages d'alerte ;

(3) déclenchement d'activités en réaction à (1) et (2). Très souvent, ces activités sont des décisions indispensables à toute prévention.

Une réaction tardive ou erronée conduit souvent à un désastre. Dans de telles situations, la seule solution est... d'espérer un miracle. Ce comportement, très risqué, n'est toutefois guère recommandé ! En matière de santé mentale, une rencontre brutale avec un iceberg provoquera un cocktail de panique, d'épuisement et/ou de désespoir. Et ce, à tous les niveaux : celui de l'entreprise, du dirigeant et de l'employé.

Toute forme de prévention précoce devrait donc couvrir ces trois étapes : identifier les potentiels icebergs, être conscient des messages d'alerte précoce et prendre les bonnes mesures d'évitement. Ces étapes comprennent une discussion sur la « technique des scénarios », lors des réunions de prévention de crise, au sein de l'équipe de direction d'un paquebot comme d'une entreprise.

Le *Titanic* était insubmersible. Cette certitude s'est heurtée de plein fouet à la réalité d'une mauvaise évaluation des événements possibles (les « scénarios »). Le management du *Titanic* ne s'était probablement ni préparé ni formé à un comportement correct dans des situations de crise, d'accident ou d'incendie.

La prévention, réaction aux messages d'alerte précoce, doit être exécutée rapidement. Tout retard augmente le risque de collision. Il convient donc de se poser la question suivante, a priori impensable : dans quelle mesure votre belle et solide organisation est-elle insubmersible ?

Cette question, un directeur de Kodak, Packard, Nokia, Talbot ou Photo Service aurait pu se la poser au cours des dernières décennies... Les changements technologiques perturbateurs sont d'énormes icebergs, qui nécessiteraient des messages d'alerte à prendre en compte le plus tôt possible.

Icebergs
droit devant !

La santé mentale, c'est quoi ?

Selon l'OMS, la santé mentale est « un état complet de bien-être physique, mental et social qui permet à chacun de réaliser son potentiel, de faire face aux difficultés normales de la vie, de travailler avec succès et de manière productive, et d'être en mesure d'apporter une contribution à la communauté ».

De façon plus abstraite, mais peut-être plus moderne, on parle d'un état dynamique d'équilibre interne grâce à une adaptation réussie aux défis de la vie, afin de rester un membre sain, performant et heureux de notre société. Cette définition s'applique aux êtres humains, mais aussi aux organisations et aux entreprises : il suffit de remplacer le mot « vie » par « marché » et « environnement ».

Intégrer au débat général sur la santé les questions de santé mentale et les apports de la psychologie et du soin a permis, ces dernières années, de faire tomber des tabous et de réduire la stigmatisation des personnes touchées. Voilà au moins un effet positif de la pandémie de coronavirus.

Bienvenue dans ce guide, l'équipage vous souhaite un excellent voyage !

1. L'entreprise

Toute organisation rencontre des icebergs. Ce peut être une situation à risque, une crise qui s'aggrave lentement ou n'a pas encore été détectée… Ces icebergs sont généralement mis en évidence par une méthode d'analyse « forces, faiblesses, opportunités et menaces » (communément désignée en anglais par l'acronyme SWOT : *Strengths, Weaknesses, Opportunities and Threats*). Car, oui, les icebergs sont des menaces pour la santé de l'organisation.

Certains dangers sont visibles, observables et mesurables : la santé physique d'une personne, par exemple. D'autres, nous l'avons dit, peuvent n'être remarqués que lorsqu'il est trop tard, beaucoup trop tard pour en éviter les conséquences. Ils sont non matériels, en lien avec l'état de santé mentale, et représentent un risque élevé pour toutes les personnes de l'organisation concernées.

Les icebergs « physiques » auxquels une entreprise peut être confrontée sont connus : perte de parts de marché, manque d'innovation, de produits ou de brevets, insuffisance de capitaux ou de liquidités… Faute de mesures préventives rapides, l'organisation peut subir un choc lourd de conséquences : position sur le marché en baisse, rentabilité amoindrie, perte d'employés ou « naufrage » total de sa propre existence. Lentement peut-être, mais résolument.

En matière de santé mentale de l'organisation, les icebergs sont plus difficiles à déceler : sentiment de peur croissant au sein de l'entreprise parmi les employés, détérioration de sa culture de la performance, moindre volonté de travailler en équipe ou encore perte de confiance de la direction ressentie par les employés… Si des facteurs extrinsèques (récession, pandémie, guerre, etc.)

peuvent intervenir dans leur formation, les actions et réactions intrinsèques de la direction de l'organisation y jouent un rôle majeur.

C'est sur ces icebergs mentaux intrinsèques, tout aussi dangereux pour une entreprise que les icebergs observables, que se concentre cet ouvrage.

1.1. Les potentiels icebergs de la santé mentale

La probabilité et le degré d'impact d'éventuels icebergs doivent influencer la ligne de conduite d'une entreprise. Prendre en considération leurs parties cachées est la tâche cruciale de l'équipe de direction – les officiers du paquebot ou le management d'une entreprise. Nous savons que la hiérarchie du *Titanic* n'a pas agi et réagi de manière appropriée. Qu'en est-il dans votre organisation ?

L'analyse de potentiels icebergs en formation au sein d'une entreprise permet de mettre en lumière les parties cachées liées à la structure de management. Exemples.

(a) *Icebergs empêchant de trouver et de mettre en œuvre avec succès la stratégie de l'entreprise.* Cela pourrait correspondre à un manque de savoir-faire et de talents à bord, des décisions infondées et non transparentes sans suivi, un syndrome « ça n'a pas été inventé ici », une cécité stratégique ou l'incompétence pure et simple d'une équipe de direction uniquement intéressée par ses avantages personnels. Les parties cachées pourraient être l'absence d'un sens ou

J'ai l'impression que nous nous sommes
un peu coupés des réalités de la base...
Tesson

d'une mission partagé(e), voire le défaut d'identification d'une grande partie du personnel avec l'organisation du fait d'un égoïsme toxique au sein de la structure.

(b) *Icebergs pouvant mettre en péril une structure d'entreprise et ses processus (rappelons que, selon Alfred Chandler, « la structure suit la stratégie »).* Les procédures administratives sont-elles aussi efficaces qu'elles semblent l'être ? Génèrent-elles un manque de simplicité et un ralentissement du fonctionnement, et pourquoi ? En matière de santé mentale, les questions à se poser seraient les suivantes : les employés ont-ils peur et ont-ils besoin d'être rassurés dans toutes leurs actions ? La peur et le besoin de justification qui l'accompagne sont souvent dissimulés sous la ligne de flottaison. Cet iceberg grandira avec le temps et consommera les bénéfices. Sa partie cachée est constituée de toutes les expériences négatives et du « linge sale » précédemment entassé par la direction. Dont personne n'ose parler ouvertement...

(c) *Icebergs influençant négativement la culture d'entreprise.* Tous ces icebergs sont dangereux et menaçants, directement et indirectement, à court ou à long terme. Et leurs parties cachées sont immenses, car l'état d'esprit de tous, équipage comme passagers, est impliqué. La crédibilité de l'entreprise auprès du personnel, de par son propre comportement, est en jeu. C'est ce qu'on appelle la « santé mentale de l'organisation ». Comme l'a très justement dit le théoricien du management Peter Drucker pour montrer l'importance de cette dimension : « La culture mange la stratégie au petit déjeuner. » En matière de santé mentale, la culture d'une entreprise est encore plus importante que sa stratégie. Les icebergs potentiels seront plus mentaux que physiques. Existe-t-il un sentiment de confrontation entre la direction et les employés ? L'insatisfaction est-elle répandue au sein de l'organisation ? À en croire les statistiques, c'est souvent le cas : 74 % des employés interrogés dans le cadre d'une étude européenne affirment que la culture est un facteur important de l'organisation (A). Malheureusement, cette zone regorge de redoutables icebergs ! Comment se présente la situation dans votre organisation ?

(d) *Icebergs limitant et frustrant l'équipe dirigeante dans l'accomplissement de ses tâches et responsabilités.* Là encore, l'iceberg peut croître en profondeur : luttes de pouvoir entre managers entraînant un manque de coordination de l'équipe de direction, peur des sanctions cultivée par le passé, absence d'expérience dans les situations commerciales difficiles, manque de communication dû au stress, comportement égoïste de type « Roi-Soleil » plutôt que travail d'équipe, etc. En outre, 67 % des employés déclarent que leurs managers ne répondent pas aux attentes en matière de contrôle du bien-être des employés (A). Comment pourraient-ils le faire s'ils ne sont pas eux-mêmes conscients des risques, des tendances et des défis liés aux problèmes actuels de santé mentale ?

Vous trouverez en partie II des questions pour analyser et éventuellement modifier la situation de votre organisation du point de vue de sa « santé mentale ».

Les quatre icebergs suivants, sont, statistiques à l'appui, parmi les plus fréquents sur la trajectoire d'une entreprise. Leur dangerosité établie impose une vigilance particulière. Mais attention, votre propre organisation peut aussi connaitre d'autres icebergs !

- **Charge de travail et épuisement professionnel**

En 2021, 34 % des salariés déclarent avoir souffert de surmenage ou de burnout en France au cours des 12 derniers mois (A). Leur performance sera donc bientôt affectée. Voulez-vous attendre le choc dans la cabine de votre capitaine ? Les membres du personnel affirment que la plupart des facteurs de stress sont internes et ne sont pas une réaction au marché, aux clients ou aux fournisseurs. Ils évoquent très souvent une mauvaise planification, des priorités changeantes ou inexistantes en raison d'une stratégie chaotique, une structure et des processus déraisonnablement complexes, un manque d'objectifs et de communication, ainsi qu'une méfiance persistante. Si ce stress peut avoir des effets très physiques, les aspects culturel et mental sont primordiaux. Or 51 % des managers trouvent difficile d'identifier si un employé lutte contre le surmenage ou l'épuisement professionnel (A). De nombreux managers n'ont ainsi pas la moindre idée du bien-être et de la capacité de performance de leurs employés. L'iceberg à l'horizon est de taille et guette votre arrivée. N'attendez plus !

- **Mécontentement des employés à l'égard de l'équipe de direction**

Vos employés sont-ils satisfaits de la direction de votre organisation et de la façon dont sont prises les décisions ? Ne posez pas cette question à la direction, mais à vos collaborateurs – s'ils sont prêts à donner une réponse honnête. En 2021, 43 % des non-cadres n'étaient pas satisfaits de leur direction, ce qui a un effet négatif sur leur motivation. Celle-ci a chuté de 17 %. Seuls 39 % des salariés en France restaient motivés, contre 63 % en Allemagne (A). L'alerte est sérieuse : la performance de toute l'organisation est en jeu… Ne serait-il pas pertinent d'offrir aux employés mécontents une assistance afin de trouver des solutions gagnant-gagnant, d'obtenir un deuxième avis sur le comportement des dirigeants ou de recevoir des conseils expérimentés sur la meilleure manière de gérer la situation ? La réalité montre qu'une telle assistance aux employés a un effet positif sur leurs performances. C'est aux dirigeants d'agir !

• **Déconnexion et désengagement des collaborateurs**

Seuls 37 % des employés déclarent que leur supérieur encourage une bonne culture de travail et d'équipe (A). Que pensent les autres salariés ? De 15 à 25 % des employés cherchent à changer d'employeur. Quelles sont les causes de ces volontés de départ ? Et quels en seront les coûts pour l'organisation ?

• **Dégradation de la santé mentale des employés**

En 2021, 32 % des salariés déclarent que leur bien-être s'est dégradé et par conséquence leur performance au travail touchée au cours des 12 derniers mois (A). Principaux effets de cette dégradation en France : épuisement, stress et abus de substances psychoactives. Largement de quoi perturber l'équilibre entre vie professionnelle et vie privée, et la capacité à être performant. Disposez-vous de statistiques sur l'état de santé de vos employés ? On ne parle pas des statistiques nationales mentionnées ici, mais de chiffres qui reflètent la situation de vos propres employés. La réalité, hors de votre bureau. Vous trouverez de nombreux exemples individuels de situations à risque pour la santé mentale dans le chapitre 3 de ce guide, consacré aux employés.

Attention : tous les icebergs mentionnés ci-dessus sont interdépendants – ils forment un « champ de glace » de dangers cumulés. Vous pouvez commencer à les identifier en effectuant l'analyse SWOT de votre organisation et en utilisant la technique de réflexion sur les scénarios, dans la partie II de ce livre.

1.2. Les premiers messages d'alerte et les indicateurs possibles

Les périodes de troubles sont propices à l'apparition d'icebergs. En externe, les rapports sur les tendances, les statistiques publiques et les développements du marché tiendront lieu d'indicateurs, voire de signaux d'alarme. Mais cela ne vous renseignera pas sur les icebergs spécifiques à votre organisation. Ces derniers nécessitent l'observation attentive de messages internes d'alerte précoce. Quelle est la qualité du suivi de ces signes dans votre organisation ? Il ne doit pas s'agir d'un ressenti « au pifomètre », mais de statistiques concrètes.

Un indicateur d'alerte précoce pourrait être, par exemple, le pourcentage d'employés souffrant du style de management expérimenté dans l'entreprise. Il permettrait de repérer un mal-être au sein du personnel. Que diriez-vous de disposer de statistiques propres à l'entreprise sur les symptômes de stress liés au travail ? Sur l'existence de conflits dans votre structure ? Sur la perception de brimades sur le lieu de travail ? Ou encore sur des questions juridiques concernant les contrats de travail des employés ?

Les statistiques sur diverses entreprises en France montrent que le mal-être des employés nuit aux capacités de performance de l'organisation. Qu'en est-il dans la vôtre ? En toute franchise ?

Se montrer attentif à ces indicateurs et messages statistiques est d'autant plus important qu'ils comportent, eux aussi, une « partie cachée » : les informations relatives à l'aspect privé de la vie des employés. Aspect qui influence aussi fortement les performances de l'organisation !

De fait, l'être humain est une entité façonnée dans son intégralité par sa vie privée et sa vie professionnelle. Les problèmes relationnels entre salariés, dus à la pénibilité du travail et au stress, sont ramenés au domicile après les heures de travail. Ces conflits professionnels peuvent engendrer des difficultés dans la vie privée et vice versa. Diviser l'être humain en « personne privée » et « personne professionnelle » passe à côté de l'essentiel et représente l'esprit du management appartenant au passé : la majorité des messages d'alerte précoce proviennent de la vie privée. Les statistiques d'ICAS et de nombreux autres experts le confirment. Négliger tous les messages d'alerte, c'est l'erreur commise par le commandant Smith. Évitez de la reproduire !

Alors, qu'en est-il du véritable bien-être d'un employé et, comme le dit l'OMS dans sa définition de la santé mentale, de sa capacité à « réaliser son potentiel » dans votre entreprise ?

Les indicateurs clés devraient donc être des statistiques propres à l'entreprise dans ces domaines plus occultés – c'est la face cachée de la santé mentale de l'organisation. Il ne s'agit pas d'une photo instantanée, mais de comparaisons statistiques dans le temps, afin de suivre les évolutions positives ou négatives par trimestre, semestre ou année. Les statistiques nationales peuvent servir de référence, mais seuls les chiffres spécifiques à votre propre structure constituent le véritable tableau. Et le point de départ indispensable de l'analyse.

Des chiffres sur les maux

Pour 59 % des chefs d'entreprise, l'absentéisme est un sujet important en 2022, selon le baromètre Malakoff Humanis de l'absentéisme en France (B). Cette valeur n'était que de 51 % en 2021 et la tendance à la hausse risque de se confirmer, notamment en cas de manque de personnel qualifié. Si les meilleurs employés s'absentent plus souvent, ce phénomène et ses conséquences doivent être traités au plus tôt.

En France, 42 % des salariés se sont vu prescrire un arrêt maladie en 2022, selon Le Comptoir Malakoff Humanis. Pour 2021, le taux national moyen d'absentéisme est compris entre 5 et 6 %, pour une durée moyenne d'arrêt de 22 à 32 jours, selon les études. Ce taux annuel a augmenté de manière constante dans le temps, boosté depuis peu par de nouveaux venus, les arrêts pour « motif psychologique ».

Autrement dit, chaque organisation paie des salaires pour du temps de travail « non utilisé », qui n'est pas positivement lié à la performance. Si l'on prend le salaire mensuel moyen net en France en 2020, soit 2 520 euros (source D : INSEE), une entreprise dépense en moyenne chaque année un total de 3 000 euros par employé absent, sans aucun retour sur ces dépenses. Des études récentes indiquent même un coût annuel de 3 500 à 4 050 euros par an et par employé absent.

Combien d'employés compte votre entreprise ? Vous connaissez le salaire moyen dans votre organisation et votre dernier taux d'absentéisme ? Faites vos comptes : votre smartphone est équipé d'une calculatrice ! Ces dépenses non liées à la performance sont prévues par la loi française – et c'est très bien. Elles constituent cependant un fardeau économique qui pèse sur l'organisation.

Mais l'absentéisme n'est que la partie visible de l'iceberg du manque d'efficacité en tant qu'échec organisationnel. La partie cachée de cet iceberg est bien plus importante : le taux d'employés présents sur leur lieu de travail… qui ne travaillent pas de façon productive et concentrée !

Un employé traversant un problème relationnel privé, une séparation ou toute autre forme de conflit perçu comme lourd, peut toujours se présenter physiquement au travail et s'installer à son poste. Mais il sera souvent distrait par les processus mentaux liés à son implication dans une situation complexe. Ce manque de concentration, de productivité, d'initiative commerciale ou de créativité professionnelle, évoquant le « présentéisme » tel qu'il est conçu dans la culture anglo-saxonne, résulte de conditions mentales personnelles « inhabituelles » pour l'individu. Cette partie de l'iceberg étant dissimulée, il est quasiment impossible de mesurer cette situation spécifique de travail, qui mène au mal-être et à la détérioration de la performance. Selon les estimations, le taux de cette forme de déconcentration et de perte de temps de travail serait de cinq à sept fois supérieur au taux d'absentéisme.

Utiliser une notion de « présentéisme » exclusivement associée à l'état de santé physique à propos d'une personne « présente » au travail, mais glissant doucement vers l'absentéisme, est une erreur souvent commise en France. Il ne s'agit, là encore, que de la partie visible de l'iceberg ! L'image de la situation est tronquée : il est primordial d'y inclure le manque de performance. Les causes profondes du présentéisme sont souvent à chercher du côté d'un épuisement croissant, d'une anxiété grandissante, du sentiment de ne pas maîtriser une situation de vie... Donc du côté mental de la santé.

Le comportement des officiers du Titanic peut être considéré comme emblématique des effets du présentéisme. Certes, ils étaient à bord du navire – sur leur lieu de travail. Mais ils n'ont pas agi de manière concertée, systématique et rapide, en tant que responsables de toutes les âmes à bord. Donc, oui, les membres d'une équipe de direction peuvent également « faire du présentéisme », parce qu'ils sont, eux aussi, des individus. Et, en cas de crise, les conséquences risquent d'être désastreuses pour un navire... ou votre organisation.

Pour avoir une idée plus précise de leur impact négatif sur les performances de l'entreprise et de ses répercussions financières, multipliez le coût de l'absentéisme par 5. Vous obtenez là des coûts directs. À cela, vous pouvez, devriez et même devez ajouter les coûts indirects : accidents éventuels sur le lieu de travail, défaillances dans la production et la qualité de service en raison de distractions, de mauvaises décisions ou d'un manque d'idées nouvelles, et déficit d'image employeur. Les tentacules invisibles de l'iceberg peuvent s'étendre loin ! Si la glace en profondeur est assez compacte, l'entreprise, telle un paquebot, heurtera l'iceberg. L'eau s'infiltrera discrètement dans la coque, jusqu'à ce qu'une opération de sauvetage devienne nécessaire et urgente. Une situation classique de retournement ? Elle apparaît parfois au grand étonnement de la direction...

Les prestataires de service, comme ICAS France, ont développé 70 catégories d'indicateurs mesurables pouvant servir d'éléments d'alerte précoce. Les études d'impact sur le travail en sont un exemple très clair, reconnu par les services professionnels de prévention en matière de santé mentale.

Sur plus de 9 000 cas pris en charge en 2022 par ICAS dans le cadre de son Programme d'Aide aux Employés (EAP) en France, Suisse, Allemagne, Luxembourg, Autriche et Italie, l'impact des troubles de la santé mentale sur la vie professionnelle s'établit ainsi : 13,8 % des cas ressentent un impact léger ; 3,8 %, un impact sévère ; 8,2 %, un impact donnant lieu à un arrêt de travail. Dans ces trois catégories, les problèmes en lien avec la santé mentale arrivent en première ou en seconde position.

Ces chiffres corroborent d'autres indicateurs montrant la dégradation récente de la santé mentale dans les entreprises, elles-mêmes constituées de la santé mentale de leurs employés avec des problèmes de désengagement des employés et le lien direct avec l'absentéisme. La santé mentale devient une priorité pour toute organisation prête à engager des actions de prévention afin d'en faire un levier de performance. Ce sera vous… ou vos compétiteurs.

1.3. Les actions préventives envisageables

La réaction à un message d'alerte précoce mettra toujours en jeu la crédibilité fondamentale de l'organisation. Quel que soit le plan d'action ou le virage que l'entreprise voudra ou devra prendre, les dirigeants et les employés devront en effet suivre le nouveau cap.

La crédibilité de l'entreprise correspond au gouvernail du paquebot. Celui du *Titanic*, plutôt petit, ne facilitait pas les manœuvres et ne lui laissait pas le temps nécessaire pour éviter complètement l'iceberg. Une crédibilité perçue comme mince ou insuffisante par les employés est un petit gouvernail, qui ne permet pas à l'organisation de changer de direction rapidement.

J'engage toute l'entreprise dans la prévention pour la santé mentale de mes employés
Je ne fais rien

Préserver la santé mentale de l'entreprise

Les sujets valables pour les êtres humains – concernant la santé et tout d'autres thèmes - s'appliquent de manière identique aussi aux organisations : Ce qui est valable pour l'être humain est aussi valable pour l'entreprise. Et vice versa. Il n'y a pas d'exception à cette règle.

Se sentir bien et en bonne santé, être conscient de soi sans se montrer téméraire, trouver un sens à sa vie, réussir dans des situations exigeantes ou faire preuve de résilience sont des enjeux qui caractérisent un être humain, mais aussi une organisation. **Ainsi, la définition de la santé mentale pour un être humain est également valable pour toute organisation.**

Prenons un exemple. La crédibilité d'une entreprise réside dans l'honnêteté de ses mots et de ses actes, et dans l'alignement entre les deux. Elle est donc le résultat de la communication et du comportement passé de la direction. Les décisions sont-elles transparentes pour les employés grâce à un contrôle systématique et périodique ? Les parties prenantes – employés, clients, actionnaires – peuvent-elles comprendre ce que l'organisation essaie de faire ? La transparence et la rationalité favorisent la compréhension des employés et renforcent leur volonté de suivre la stratégie et les orientations de l'organisation. Un manque de crédibilité, en revanche, entrave toute mise en œuvre de changement. La direction estime souvent que les paroles bien communiquées sont suffisantes, quand les employés considèrent que les actes sont plus importants. C'est entre ces différentes perceptions que pourrait bien se glisser un futur iceberg…

Tout décalage entre les paroles et les actes de l'organisation nuit à sa santé mentale en tant que corps collectif. La transparence, la crédibilité et la compréhension des employés constituent la santé mentale d'une entreprise et font partie intégrante de toute action de prévention.

Outre la production de statistiques internes, une autre action préventive consisterait à inclure des sujets de croissance contrôlés et propres à l'organisation dans la formation des cadres dirigeants. Ces thèmes « tabous » pourraient être abordés de façon anonyme et productive. Il ne s'agit pas d'organiser un « bla-bla » général, mais de travailler à améliorer la perception d'une situation. C'est le meilleur moyen de prouver qu'on est une véritable organisation apprenante : mettre ouvertement les tabous sur la table !

Trop de décisions sont prises comme dans une « boîte noire » puis exécutées en mode « essai-erreur » au lieu de se fonder sur le suivi interne des faits concernant la santé mentale de l'entreprise, en respectant la crédibilité organisationnelle.

À bord du *Titanic*, la crédibilité n'était à l'évidence pas un sujet, tant les officiers comme l'équipage semblaient persuadés de l'invincibilité du paquebot face à son principal environnement – l'Atlantique Nord et ses icebergs. Nous vous suggérons de ne pas faire preuve du même aveuglement : la santé physique et mentale est la condition préalable à la performance. Tout sportif le sait !

1.4. Entretien avec le commandant Edward Smith, « PDG » du Titanic

Le 14 avril 1912, à minuit, sur la passerelle du *Titanic*, une interview du commandant Smith par les auteurs de ce guide, aurait pu, comme un entretien avec le PDG d'une entreprise en crise, se dérouler comme suit…

« Commandant, le *Titanic* a heurté un iceberg il y a vingt minutes et il est en train de couler. Un commentaire ?

– C'est inconcevable ! Chacun sait que le *Titanic* ne peut pas couler !

– N'est-ce pas un peu naïf ? Encore une fois : votre paquebot est en train de sombrer. En ce moment même !

– Nous pensions que c'était impossible ! Ce scénario était tellement ancré dans nos esprits que je n'ai pas assez prêté attention aux signaux d'alarme. C'est vrai, il y en a eu plusieurs. Mais enfin… Notre sécurité semblait assurée !

– N'avez-vous pas fait preuve d'une certaine arrogance ?

– Eh bien… Nous nous sommes tous concentrés sur un seul indicateur mesurable : la vitesse du navire. Un peu comme si nous étions dans un tunnel et que nous ne voyions que la sortie…

– Vous étiez quand même dans un champ d'icebergs… Qu'allez-vous faire maintenant ?

– Franchement, je ne sais pas. Mes officiers s'activent pour remplir les canots de sauvetage. Mais nous n'avions pas prévu ce mauvais scénario et nous sommes mal préparés.

– Un mauvais scénario ? Nous dirions que c'est le pire des scénarios catastrophe !

– C’est vrai... Et je n’ai pas de touche “stop”, pas de deuxième chance. Mais je devais respecter notre objectif : arriver au plus tôt dans le port de New York.

– OK, “tôt” est un mot-clé : qu’auriez-vous dû faire plus tôt ?

– Puisque vous insistez... Je pense à deux choses. D’abord, nous aurions dû nous préparer, en tant qu’équipe de direction, à agir et à réagir correctement dans une situation de catastrophe : définir et organiser les priorités, les procédures et les tâches, au cours d’exercices de simulation. En fait, c’est une question de survie, ces entraînements préventifs... Deuxièmement, j’aurais dû être plus attentif à ces maudits messages d’alerte ! Négliger ces alarmes, pour un capitaine, c’est une erreur de débutant !

– Et maintenant ?

– C’est mon bateau. J’y resterai aussi longtemps que possible. Cette traversée est un échec et j’ai failli à ma fonction. Il est trop tard maintenant... »

2. Le dirigeant/manager

Tous les managers d'une organisation, quelle que soit leur niveau hiérarchique – du capitaine aux sous-officiers – devraient être conscients en permanence que leur crédibilité est en jeu aux yeux des personnes qui les entourent.

L'encadrement intermédiaire est aujourd'hui primordial, notamment au sein de grandes organisations, dans son rôle de multiplicateur dans la diffusion des orientations, des décisions et des messages de l'encadrement supérieur. Il se trouve souvent pris « en sandwich » entre les demandes et besoins des employés et ceux de ses propres supérieurs. Certains managers peuvent aussi se sentir coincés entre les décisions ou les actions officielles et leurs propres convictions – un conflit de rôles classique.

2.1. Les potentiels icebergs de la santé mentale

Les principaux icebergs mentaux d'un encadrant responsable sont, par expérience, le sentiment personnel de solitude et la peur de l'échec dans son rôle. Au fil du temps, s'y additionnent le stress et l'épuisement. Ces icebergs classiques viennent perturber la perception, le bien-être et les réactions du manager face aux défis de sa vie professionnelle quotidienne. À cela s'ajoutent des KPI et des objectifs quantitatifs et qualitatifs, qui, à terme, peuvent réduire son champ de vision à « l'essentiel », aux priorités... quitte à éclipser des signaux faibles portant les symptômes d'une crise à venir.

Il faut à tout prix éviter une situation d'épuisement professionnel qui résulterait d'une course effrénée vers une surperformance. Mais comment y parvenir quand tous les sujets qui s'y rapportent sont des tabous en matière de management ?

Tesson

Le sentiment d'être un combattant solitaire et isolé

Avoir la sensation de toujours se battre seul pour relever les défis quotidiens de l'entreprise est rarement satisfaisant et, surtout, consomme beaucoup d'énergie personnelle. Cela risque également de ruiner l'optimisme, l'orientation vers les solutions et la volonté de performance, des capacités qui constituent la fonction de manager et sont intégrées dans son salaire. Mais aucun dirigeant ou manager n'est un surhomme ! Et s'il est, de surcroît, confronté à des situations difficiles et à de lourdes charges dans sa vie privée, il aura bien du mal à éviter la collision avec l'iceberg...

La perte de crédibilité personnelle aux yeux des employés

Au cours d'un projet de changement, les employés remettent souvent en question la santé mentale et l'expertise de leurs supérieurs. C'est normal : dans une situation incertaine, toutes les étapes et tous les objectifs ne sont pas forcément clairs dès le départ. Des décisions qui devront être révisées par la suite, l'accomplissement de tâches inutiles ou de doublons, l'incapacité à donner des orientations et des réponses précises diminuent l'importance et la crédibilité de l'exécutif aux yeux des employés. Cela fait mal ! Cela fait douter de sa propre mission. Tout projet de changement peut devenir un iceberg pour le manager. Comment gérer ce sentiment d'incompétence perçu par ses propres collaborateurs ?

Le manque d'expérience en matière de leadership

Un jeune manager encore inexpérimenté peut se voir confronté à une situation difficile : par exemple, devoir résoudre de graves conflits au sein de son équipe ou mener des dialogues d'évaluation critique avec des employés plus âgés et plus expérimentés. Il peut commettre des erreurs et prendre de mauvaises décisions. Sur le *Titanic*, chaque officier se battait seul et sans coordination. Chaos à bord garanti ! Remplir son rôle de bon dirigeant, c'est gérer correctement les défis en cas de crise individuelle et ne pas se comporter comme l'équipage du paquebot.

Chaque collision d'un manager avec un iceberg est extrêmement coûteuse, chronophage et énergivore pour toutes les parties concernées. Pour les éviter, il est plus que recommandé de proposer une assistance en consultation managériale. Une assistance qui doit s'offrir dans l'anonymat, pour minimiser les barrières et les angoisses susceptibles de freiner toute demande d'aide.

2.2. Les messages d'alerte et les indicateurs possibles

Une crise cardiaque n'est évidemment pas un indicateur précoce de la nécessité de changer quelque chose dans sa vie. Il est déjà un peu tard…

La plupart des dirigeants et managers qui se dirigent droit vers un iceberg personnel remarqueront intuitivement les messages d'alerte précoce. La condition préalable est que le manager ait la capacité de s'auto-observer. Une aptitude qui peut et doit faire l'objet d'une prise de conscience et d'un entraînement.

Les indicateurs qui devraient déclencher une action de soutien peuvent être le sentiment d'être noyé sous les responsabilités et les demandes arrivant simultanément de tous côtés. Ou le fait de s'orienter de plus en plus vers les problèmes plutôt que vers les solutions. Ou de compenser les exigences du rôle par des heures supplémentaires massives et constantes. Ou encore de négliger les responsabilités de direction des employés et de se montrer personnellement odieux envers ces derniers.

Outre ces indicateurs d'alerte précoce liés au rôle, tous les signes humains individuels doivent être pris en compte. À ce sujet, lire le chapitre 3.2 qui, bien entendu, s'applique également au manager en tant qu'être humain sous pression.

2.3. Les actions préventives envisageables

Un manager manque généralement de feedback – un feedback bien intentionné et constructif, axé sur les solutions, mais qui tienne aussi compte de ses propres ressources en tant que manager en puissance, avec tout le potentiel personnel et les expériences dont il dispose.

Le concept de coaching des managers répond à ce besoin. Mais le besoin de parler à un coach pour un problème de leadership peut être ressenti en dehors des heures de travail et couvrir de nombreux sujets. Lorsqu'ils trouvent le temps de l'introspection, les dirigeants ressentent souvent le besoin d'échanger des idées, des inquiétudes, des points de vue. Normalement, ce n'est pas au cours d'une journée de travail entrecoupée de réunions, mais lorsque le recul nécessaire et la contemplation sont possibles – le plus souvent à la maison et au calme, le plus souvent à la maison et au calme, une fois les enfants couchés ou pendant le weekend.

Un service de coaching efficace devrait être disponible en fonction des besoins du dirigeant et pas seulement lors d'un rendez-vous fixe, prévu... pour la semaine suivante. Cette conversation de coaching spontané doit être possible par chat, par vidéo ou par téléphone, à tout moment de la journée ou de la semaine. Hautement professionnelle, elle doit être axée sur la recherche de solutions. Elle doit également être confidentielle et protéger l'anonymat de la personne auprès de l'organisation chargée du coaching.

Génial, ce nouveau service...
Il faut que j'essaie !
ICAS SAFETY
Tesson

« Peut-être n'est-il pas bon que mon patron ou mes employés découvrent mon hésitation ou mes doutes quant à la manière de procéder dans telle ou telle circonstance... » « Quand même, je ne veux pas passer pour idiot ou incompétent devant mes collègues ! » Quel manager n'a pas déjà eu de telles pensées ?

Le service de consultation managériale 24/24 heures est le meilleur moyen, testé et éprouvé, de lutter contre le sentiment de solitude. Il inclut tous les questionnements relatifs au professionnalisme et à la direction d'équipe : « Comment développer mon groupe pour qu'il soit performant ? »

L'absence d'un tel soutien préventif génère un stress mental et physique croissant. Le bien-être de l'individu risque d'être perturbé par de longues nuits de réflexion. Y compris pendant ses week-ends.

Les statistiques de nombreux pays montrent qu'au moins 20 % des managers sont en danger, quel que soit leur niveau hiérarchique. Le crash n'est qu'une question de temps. La pancarte est déjà prête : « Iceberg en vue ! »

Un manager étant également un employé d'une organisation, nous vous conseillons vivement de vous reporter au chapitre 3, justement consacré... aux employés. Tous les exemples individuels abordés s'appliquent également aux dirigeants et managers. Nous vous garantissons que ce chapitre vous ouvrira les yeux.

2.4. Entretien avec le premier officier William Murdoch, manager sur le Titanic

Voici la courte interview de l'un des cadres importants du *Titanic*, que nous aurions pu réaliser à 0 h 55 le 15 avril, sur le pont A du paquebot.

« Désolé de vous déranger Officier Murdoch, que se passe-t-il ?

– Nous avons heurté un iceberg par tribord. C'est la panique !

– Vous étiez de quart, vous n'avez rien fait ?

– J'ai obéi sans réagir au commandant qui voulait à tout prix rallier New York rapidement ! J'ai fait éteindre les lanternes à l'avant de la passerelle pour faciliter le travail des vigies, mais il était trop tard... Dans une zone de glaces, les icebergs étaient inévitables, c'est aussi simple que cela...

– Que pouvez-vous faire maintenant ?

– Je rassemble les passagers, j'essaie de limiter les dégâts... Je suis officier, je dois agir, c'est mon rôle ! Mais je me sens seul. Je n'ai pas la moindre idée de l'endroit où se trouve le capitaine. Je ne sais pas si je prends les bonnes décisions, les bonnes mesures. Nous aurions pu penser à de tels accidents plus tôt, prévoir un protocole... J'ai besoin de conseils... On aurait dû convenir d'une coordination de base...

– ... (soupir) ...

– Je suis terrifié, mentalement épuisé... et terriblement seul. »

3. L'employé

Lorsque vous pensez aux employés, vous imaginez probablement les soutiers dans le ventre du *Titanic*, pelletant des centaines de tonnes de charbon jour et nuit pour alimenter les chaudières. En d'autres termes, des employés qui travaillent loin des décisions des officiers et du capitaine. Mais, parmi les employés, nous incluons les techniciens et les ingénieurs, les stewards et les matelots, les officiers et le commandant lui-même – tout l'équipage sans exception.

Le niveau des employés ne doit donc pas être compris comme un niveau hiérarchique, mais comme un regard sur tous les individus de l'entreprise : tous ceux qui peuvent être affectés par des problèmes de santé mentale.

Ainsi, après le niveau de l'entreprise, qui traitait de l'approche stratégique du point de vue macro, et celui de la direction, qui abordait avant tout le rôle professionnel d'un dirigeant ou d'un manager, nous voulons, en parlant des employés, mettre en lumière les défis de la santé mentale au « micro-niveau » individuel des personnes affectées. En la matière, peu importe que l'employé pellette le charbon ou dirige le navire : une personne sur huit est touchée par des problèmes de santé mentale au cours d'une année. Et une personne sur deux au cours de sa vie entière (Kessler et al., National Comorbidity Survey Replication, 2005).

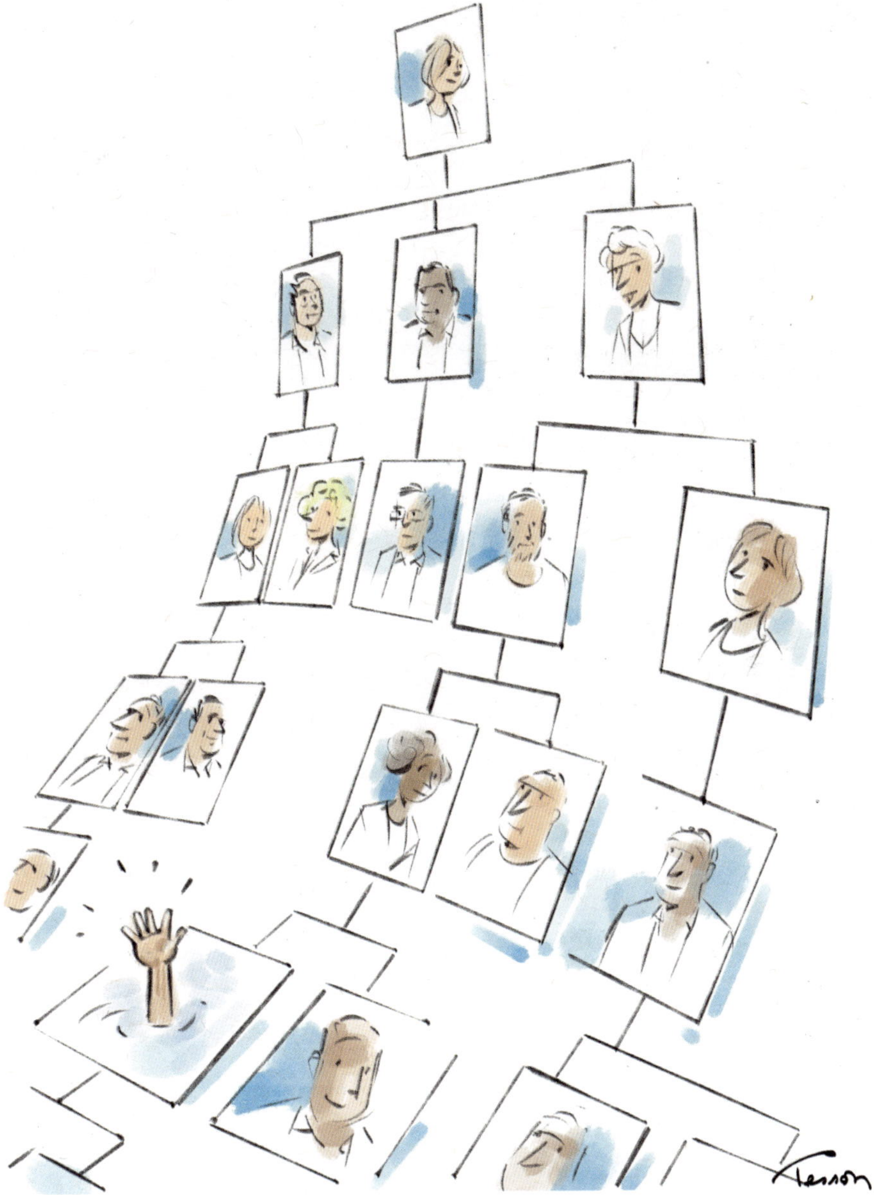

3.1. Les potentiels icebergs de la santé mentale

3.1.1. Pourquoi ne voit-on pas les icebergs ?

Sachant qu'une personne sur deux est concernée à un moment ou à un autre de sa vie, mieux vaut connaître les icebergs que l'on peut croiser sur son chemin....

Prenez vos jumelles ! Vous tomberez probablement rapidement sur l'iceberg « travail » : le patron qui vous met la pression, le collègue qui ne coopère pas, les clients qui se plaignent... Le travail est connu pour être un facteur de stress et de nombreuses offres de santé répondent à cette problématique. Cela pourrait donner l'impression que le travail est le principal facteur de stress.

Étonnamment, les icebergs de la vie « professionnelle » ne provoquent PAS autant de collisions que les icebergs de la vie « privée » ! Et c'est prouvé.

L'échelle d'évaluation de la réadaptation sociale (Holmes and Rahe Stress Scale, 1967), mise au point par les psychiatres Thomas Holmes et Richard Rahe, énumère ainsi différents événements de la vie et les pondère en fonction de leur impact potentiel sur l'expérience de stress de la personne. En tête de liste figurent, sans surprise, des événements terriblement douloureux tels que le décès d'un membre de la famille, un divorce ou une maladie.

Le premier événement lié au travail – un licenciement – n'arrive qu'en huitième position. Les sept événements les plus critiques sont d'ordre privé.

	ÉVÈNEMENT DE VIE CRITIQUE	VALEUR MOYENNE
1	Décès du/de la conjoint(e)	100
2	Divorce	73
3	Séparation des conjoints	65
4	Période de prison	63
5	Décès d'un membre de la famille	63
6	Blessure corporelle ou maladie	53
7	Mariage	50
8	Licenciement	47
9	Réconcialiation entre conjoints	45
10	Prendre sa retraite	45
11	Changement dans la santé d'un membre de la famille	44
12	Grossesse	40
13	Difficultés sexuelles	39
14	Arrivée de quelqu'un dans la famille	39

(Littérature : T.H. Holmes. R.H. Rahe ; Journal of Psychosomatic Research, 1967)

Au total, moins d'un quart des événements générateurs de stress répertoriés sont liés au travail ! Il convient donc d'élargir la perspective au-delà de la seule vie professionnelle. On imagine mal la vigie du mât avant du *Titanic* ne regardant qu'à bâbord et négligeant le côté droit de l'océan… précisément là où le navire a heurté l'iceberg. De même, en matière de santé mentale, il est nécessaire de prendre en compte l'ensemble du champ de vision – le côté privé et le côté travail.

Le constat est le même dans les expériences de consultation psychologique pour employés. Un certain nombre d'entreprises proposent à leurs employés de tels services, pour leur délivrer un soutien précieux. Et, contrairement à ce qu'on pourrait supposer, ce type d'offres ne répond pas principalement à des questions liées au travail : 68 % des consultations portent sur des problématiques d'ordre privé et 32 % seulement sur le travail (statistiques ICAS Europe de l'Ouest 2022, France incluse). Le sujet numéro 1 pour lequel les employés cherchent de l'aide est celui des « problèmes relationnels », généralement en lien avec leur vie privée.

Employés ou managers estiment souvent que « la santé mentale est une affaire privée ». On les entend souvent demander : « Qu'est-ce que mes problèmes relationnels personnels, les difficultés avec mes enfants ou la maladie de mes parents ont à voir avec mon employeur ? » Ce sentiment est très répandu et – la réalité le prouve – très erroné ! Car il existe un lien direct entre le bien-être d'un employé et sa performance au travail. Sur le plan mental et énergétique, comme en matière de volonté et de résistance aux difficultés.

Ce lien est malheureusement trop souvent – et à tort – sous-estimé. C'est pourquoi les employeurs modernes proposent un soutien holistique qui va au-delà du simple accompagnement psychologique professionnel.

IMPACT DES PROBLÈMES PRIVÉS SUR LA PERFORMANCE AU TRAVAIL

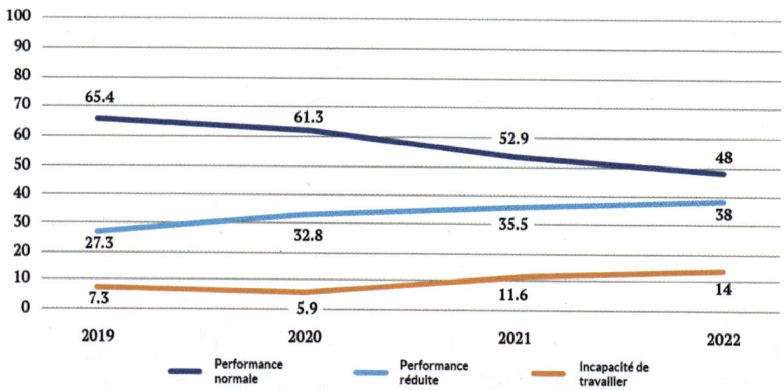

	2019	2022
Performance normale	65.4%	48%
Performance réduite	27.3%	38%
Incapacité de travailler	7.3%	14%

Les statistiques du service d'aide aux employés d'ICAS montrent clairement à quel point les performances professionnelles des employés sont altérées ou affectées alors qu'ils cherchent de l'aide pour des problèmes d'ordre privé. En 2022, seuls 48 % de ces employés étaient pleinement productifs. Un peu plus de la moitié d'entre eux faisaient donc état d'une diminution de leurs performances professionnelles. Comment voulez-vous exploiter au mieux un paquebot comme le *Titanic* quand une part non négligeable de son équipage est temporairement absente ou n'est pas performante ? L'attentisme est-il une bonne solution ?

La même année, 14 % des personnes interrogées étaient dans l'incapacité de travailler en raison de problèmes d'ordre privé. Vie personnelle et monde du travail sont ainsi étroitement liées, les difficultés rencontrées dans l'une affectant directement l'autre.

La mèche est peut-être plus courte au travail et vos nerfs mis à rude épreuve lorsque la discussion controversée que vous avez eue la veille avec votre partenaire à la maison vous trotte encore dans la tête ? Il se peut que vous ne puissiez pas cacher votre mauvaise humeur lors d'une réunion de bureau ennuyeuse. Vous risquez de manquer de respect envers les autres.

Le graphique ci-contre révèle en outre que cette corrélation entre vie privée et vie professionnelle tend à s'accroître du fait du changement du monde du travail, impulsé par la numérisation et accéléré par la pandémie. Il y a quelques années, on pouvait quitter le bureau et rentrer chez soi en sachant que la journée de travail était bel et bien terminée. Cette coupure entre les deux sphères de la vie s'atténue de plus en plus au profit du mélange des genres : « D'accord, je vais juste consulter mes courriels sur mon smartphone. »

Ou : « Je planifierai rapidement un autre rendez-vous après le dîner... » De toute façon, l'ordinateur portable est toujours allumé.

Les opportunités offertes par le « nouveau travail » en matière de flexibilité sont réelles, mais cette dissolution des frontières entre travail et vie privée comporte également des risques. Les problèmes professionnels se répercutent sur la vie privée et vice versa, affectant l'ensemble du bien-être psychologique des personnes. Telle est l'une des conséquences directes du monde du travail hybride.

Le graphique montre clairement que la proportion d'employés ayant des problèmes privés – et étant en congé maladie pour cette raison – a fortement augmenté entre 2019 et 2022. Alors qu'elle n'était que de 7 % en 2019, cette proportion a doublé en l'espace de trois ans, pour atteindre 14 %.

Donc, si vous avez l'impression de ne pas pouvoir vous donner à 100 % au travail, d'être facilement distrait et souvent préoccupé par d'autres choses, soyez assuré : (1) que vous n'êtes pas le seul, et (2) qu'il est temps de s'interroger sur vos problématiques personnelles et de se méfier des icebergs ! De tels impacts sont des signaux d'alarme qu'il convient de prendre très au sérieux et qui indiquent des problèmes à résoudre (lire 3.3.1, au sujet des signaux d'alarme typiques).

C'est d'autant plus important que les coups du sort, tels qu'un divorce ou un décès, ne sont pas les seuls à générer du stress et à avoir un impact négatif sur la santé. Paradoxalement, c'est également le cas des événements positifs de la vie : vous l'avez peut-être remarqué, sur l'échelle de Holmes et Rahe, le numéro 7 correspond au mariage ! La naissance d'un enfant ou un départ en vacances figurent également sur cette liste, ce qui prouve que le sentiment de stress ne découle pas exclusivement de la qualité objective d'un événement (positif ou négatif), mais surtout de la manière dont on l'évalue personnellement. Les beaux événements de la vie peuvent aussi être épuisants...

Tout changement positif peut devenir un fardeau, car des ajustements psychologiques peuvent s'avérer nécessaires. Lorsque vous êtes à l'affût de vos icebergs personnels, vous devez donc comprendre que si les plus menaçants peuvent rendre le voyage difficile, c'est également le cas de ceux auxquels vous ne pensez pas immédiatement. Comme votre prochaine promotion sur le navire !

EN BREF...

Le stress mental, très individuel, ne dépend pas des seuls facteurs de stress professionnels. Il nécessite un soutien adapté, qui va au-delà de l'étude standardisée des facteurs évidents et adopte un point de vue holistique et complet sur les domaines problématiques.

3.1.2. Pourquoi les icebergs sont-ils ignorés ?

Pour mémoire, la National Comorbidity Survey Replication (Kessler et al., 2005) estime à près de 50 % la prévalence de certains troubles mentaux au cours de la vie. Si vous deviez prendre la mer en sachant que vous avez 50 % de risques de rencontrer des icebergs au cours de votre voyage, vous observeriez certainement avec attention tous les pics de glace à l'horizon. Mais, lorsqu'il s'agit de santé mentale, la plupart des observateurs rangent leurs jumelles dans un tiroir... Les veilleurs ne disposaient même pas de jumelles dans le nid-de-pie du *Titanic*. L'officier responsable du « placard à jumelles » avait quitté le navire lors d'une escale précédente... avec la clé en poche ! Preuve qu'un détail a priori insignifiant peut être lourd de conséquences.

Pourquoi les signes d'alerte sont-ils ignorés lorsqu'il s'agit de sa propre santé mentale ? Sans doute parce que la société, que ce soit dans la vie privée ou professionnelle, n'accorde que peu d'attention à ces questions. La stigmatisation de la santé mentale est encore trop forte.

Les problèmes mentaux sont souvent pris pour des signes de faiblesse. On a honte vis-à-vis des autres mais aussi de soi-même quand il s'agit de demander du soutien. Cette honte n'existe pas dans bien d'autres secteurs relevant de la santé. Dans le cas des affections somatiques, chercher de l'aide est normal et accepté : j'ai mal, je vais chez le médecin. C'est simple. Ça l'est également dans d'autres domaines de la vie : je perds mes matchs de tennis, je m'entraîne avec un coach.

Alors pourquoi ne pas avoir le même réflexe au sujet des maladies mentales ?

La psychologie et de la psychothérapie ont longtemps souffert de leur évolution historique. Le traitement des problèmes mentaux représentait à l'origine une partie spécifique de la médecine, en marge de la médecine somatique. Et cette partie a malheureusement écrit quelques pages sombres de l'histoire du soin.

Depuis, la perception de la société a évidemment évolué, en particulier au cours des dernières années, et l'on n'est plus considéré comme « fou » ou « bon pour la poubelle » lorsqu'on suit une thérapie. Le sujet est plus présent dans les médias. Des stars du cinéma et de la musique parlent ouvertement de leurs difficultés, prenant parfois un temps d'arrêt pour protéger leur santé mentale. Dans le monde du travail, les thèmes du « burnout », de l'« épuisement professionnel » ou du « manque d'énergie » sont fréquemment évoqués. Pourtant, les préjugés perdurent.

• Seule la moitié des personnes diagnostiquées parleraient de leur problème à leurs amis. Au travail, 80 % le cacheraient complètement. (Ministère fédéral du Travail et des Affaires sociales BMAS, 2020)

• La plupart d'entre elles cachent leurs problèmes parce qu'elles ont peur d'être désavantagées. Elles se présentent donc au travail avec de graves déficiences.

• Les problèmes ayant tendance à s'aggraver s'ils ne sont pas traités, leur influence négative sur les performances des personnes affectées risque donc de s'accroître.

Ce comportement s'observe des employés jusqu'au capitaine ! Car si la prise de conscience augmente – difficile désormais d'ignorer l'existence des problèmes de santé mentale –, la connaissance de ces problèmes est loin d'être acquise.

Toute personne ayant souffert d'une collision avec l'iceberg « dépression » a entendu des déclarations et des conseils tels que : « Tout le monde est triste de temps en temps », « O.K., ressaisis-toi », « Tu devrais t'estimer heureux, d'autres sont encore plus mal lotis… » De telles réactions ne sont pas seulement de peu d'utilité pour les individus touchés, elles révèlent aussi des préjugés persistants sur la maladie : les personnes déprimées manqueraient d'autodiscipline ou seraient même à blâmer !

Cette évaluation sociale négative s'explique par le fait que les experts ne comprennent pas encore parfaitement les causes de la dépression. Son développement, comme celui des maladies mentales en général, est multifactoriel et souvent très complexe. L'être humain n'étant pas doué pour gérer la complexité, la stigmatisation entre en jeu. Les préjugés – des jugements portés sans compréhension approfondie du contexte – simplifient une situation et donnent l'illusion de la comprendre.

En affirmant que le comportement dépressif est dû à la paresse ou à un manque d'autodiscipline, vous prenez un raccourci, qui évite d'approfondir les complexités impliquées. Cela permet de s'asseoir et de faire semblant : « Je ne peux/dois rien faire, je ne peux rien changer. »

Simultanément se crée une distance entre le sujet et soi-même : « Puisque les dépressifs n'ont tout simplement pas d'autodiscipline alors que je suis autodiscipliné, cela ne peut pas m'arriver. » C'est faux. Le commandant Smith a probablement pensé de la même façon : « Une collision avec un iceberg ? Cela ne peut pas m'arriver. »

Les personnes souffrantes finissent par être confrontées à un double fardeau : elles subissent les symptômes et les conséquences de la dépression, ainsi que les stigmates qui y sont associés.

La notion de « connaissance de la santé mentale » évalue le degré auquel les individus sont capables de trouver, de comprendre et d'utiliser les informations et les services pour prendre des décisions et des mesures liées à la santé, pour eux-mêmes et pour les autres d'après la définition du Office of Disease Prevention and Health Promotion, 2020. Cette connaissance a fait l'objet de nombreuses recherches, en particulier au cours des huit dernières années, où les études consacrées à ce sujet ont connu une croissance exponentielle. Plus de la moitié des articles ont même été publiés entre 2015 et 2019.

ÉVOLUTION DU NOMBRE DE PUBLICATIONS SUR LA CONNAISSANCE DE LA SANTÉ MENTALE ENTRE 1997 ET 2019

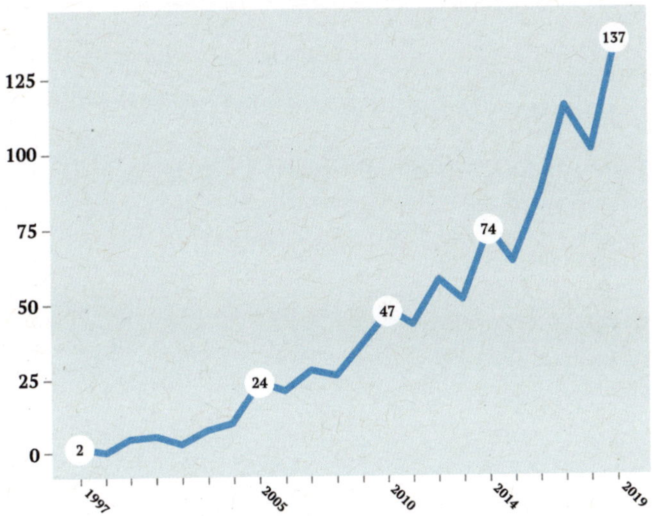

(Littérature : W.M. Sweileh ; Global research activity on mental health literacy, 2021)

Cet intérêt scientifique croissant indique que les connaissances sur ces sujets augmentent. On pourrait y voir le tournant qui ferait de la santé mentale un sujet « normal ». Malheureusement, la France demeure à la traîne en matière de publications de recherche en santé. La plupart des études proviennent de pays anglophones – États-Unis, Canada, Australie et Grande-Bretagne –, mais aussi d'Allemagne, de Norvège ou du Japon. On peut toutefois penser que cette tendance finisse par s'installer également dans la science française.

EN BREF…

La stigmatisation de la santé mentale et le manque de connaissances font que les personnes souffrantes ignorent trop longtemps leurs problèmes, ce qui risque de les aggraver. La santé mentale doit être libérée des tabous afin que les gens osent chercher de l'aide à un stade précoce, sans hésitation.

3.2. Les messages d'alerte et les indicateurs possibles

Les signaux d'alerte précoce sont irremplaçables dans le secteur du transport maritime pour annoncer un danger imminent ou un dysfonctionnement. Dans ces moments-là, il faut agir. Il en est de même au sein d'une entreprise : mieux vous comprendrez les messages d'alerte, plus vous prendrez des décisions éclairées pour passer à l'action préventive.

Que vous soyez capitaine, soutier ou cuisinier, ignorer un signal d'alarme serait irresponsable.

3.2.1. Le défi de la lecture des signaux d'alerte

En matière de problèmes psychologiques, les réactions sont souvent très lentes. Le voyant d'alarme clignote sans discontinuer, mais les gens ont tendance à ne pas en tenir compte, soit parce qu'ils espèrent que cela ne signifie rien de grave, soit parce qu'ils préfèrent simplement cacher le voyant.

Le commandant Smith a probablement rangé les avertissements relatifs à la glace dans la poche de son uniforme.

Il est vrai qu'il n'est pas facile de reconnaître et d'interpréter correctement ses propres signaux d'alerte psychologiques, car ils sont extrêmement dissemblables selon les personnes. Chacun a sa propre façon de réagir aux signes de crise et à ses propres zones d'ombre.

Les problèmes mentaux s'annoncent de différentes manières. Mais les messages d'avertissement (symptômes) peuvent aussi être identiques dans différentes maladies mentales. Il est donc difficile de dire, sans autre contexte, quels signaux d'alerte indiquent quelle atteinte...

Voici quelques signaux d'alerte typiques et fréquents du stress mental, parmi ceux qu'un être humain peut recevoir, observer ou ressentir.

Signes d'alerte physiques.

- Problèmes de sommeil
- Maux de tête
- Douleurs abdominales
- Tensions musculaires
- Fatigue

Signes d’alerte psychologiques.

- Sautes d’humeur
- Découragement
- Perte d’énergie
- Nervosité

Signes d’alerte sociaux.

- Sensibilité aux critiques
- Augmentation des conflits
- Retrait social

Signes d’alerte liés au travail.

- Oscillation des performances
- Multiplication des erreurs
- Problèmes de concentration
- Manque de fiabilité
- Évitement de tâches spécifiques (contacts avec les clients, appels téléphoniques)

3.2.2. Pourquoi restez-vous seul face aux signaux d’alerte

Plusieurs raisons permettent d’expliquer pourquoi une personne affectée ne prend pas soin de sa santé, bien qu’elle ressente des signes avant-coureurs de malaise. Les motifs exposés au point 3.2, à savoir la stigmatisation et le manque de compétences en matière de santé mentale, s’appliquent évidemment ici. Cependant, il existe une autre raison qui rend difficile la recherche d’une aide adéquate et ciblée : la difficulté d’accéder à un dispositif d’assistance approprié. En clair, il n’est pas évident de trouver et de mettre à flot le canot de sauvetage…

Pour les affections physiques, l'accès est simple et direct. Si vous avez mal à l'oreille, vous allez chez le médecin ORL ; en cas d'éruption cutanée, vous prenez rendez-vous avec un dermatologue... Et même si vous ne savez pas exactement de quoi vous souffrez, le généraliste peut vous prendre en charge ou vous orienter vers le spécialiste concerné. Mais comment traiter un problème de santé mentale ? Faut-il consulter un psychiatre ? Peut-on s'adresser à n'importe quel psychologue pour n'importe quel problème ? Et comment savoir si le soutien choisi est vraiment le bon ?

Eh bien, pour parler franchement, les services de soutien généralement disponibles pour les problèmes de santé mentale sont opaques, difficiles d'accès et souvent inadaptés au problème en question. La confusion règne.

Résultats :

– seule une personne malade sur trois trouve le chemin d'un système d'aide médicale ou thérapeutique (Bureau d'études de politique du travail et de politique sociale BASS AG, 2021) ;

– les problèmes non traités rendent encore plus malade.

La recherche montre qu'entre 40 et 65 % des personnes qui ont besoin d'aide ne reçoivent pas de traitement adéquat, ne serait-ce que minimal, du fait de la stigmatisation, du partage des coûts, des importantes difficultés d'accès et des longs délais d'attente. Ces personnes sont laissées seules dans un champ de glace.

Le déficit de l'offre en matière de santé mentale est énorme.

D'un point de vue positif, plus une personne est gravement atteinte, plus elle a de chances d'être traitée. Inversement, vous ne pouvez guère espérer d'aide si vous ne vous sentez pas (encore) assez mal ! Bien entendu, cela va à l'encontre de toute idée de prévention et renforce l'impression que le soutien psychologique n'est destiné qu'aux maladies mentales.

« Si j'ai des problèmes relationnels, un conflit avec un collègue, ou si je ne supporte pas bien la lourde charge de travail actuelle, dois-je aller consulter un psychologue, voire un psychiatre ? Est-ce que j'accepte cet effort et le temps d'attente, même si je pense que je n'ai pas besoin d'une thérapie longue et approfondie, mais peut-être seulement de quelques discussions avec un professionnel ? » La plupart des employés n'obtiendront pas de réponses à ces questions, même si leur santé et leur performance au travail sont menacées. Avec de tels problèmes, n'ayant pas encore évolué vers une maladie mentale, on reste généralement sans aide professionnelle. Et donc, complètement impuissant...

Ces circonstances sont d'autant plus critiques que l'on connaît l'efficacité des interventions psychologiques précoces. Nous y reviendrons plus en détail dans la section suivante.

EN BREF...

Le système d'aide opaque et les obstacles élevés rendent toute demande d'aide difficile. Les employés ont besoin d'une offre professionnelle d'assistance facilement accessible, simple à utiliser et joignable immédiatement, à tout moment.

3.3. Les actions préventives envisageables

La santé mentale est l'un des problèmes majeurs de cette décennie. Mondial et universel, il touche tous les travailleurs, quels que soient leur âge et leur sexe.

Heureusement, l'attention portée par les entreprises à la santé mentale de leurs employés devient plus pertinente, tendance qui s'est accrue à l'occasion de la pandémie de Covid-19.

Ces dernières années, les consultations psychologiques ont mis en évidence le fait que de nombreux employés ont le sentiment d'être connectés en permanence à leur travail, tout en étant déconnectés de l'entreprise, de l'équipe ou de leurs supérieurs. S'ajoutent à ce sentiment paradoxal toutes les difficultés transférées dans la sphère privée de la vie.

S'ils sont nombreux à avoir trouvé une bonne façon de gérer les défis du « nouveau travail », beaucoup semblent simultanément en souffrir. La charge de travail et la pression augmentent, tandis que le lien avec l'équipe ou le manager diminue, et ce, alors que le sentiment de soutien social ou d'intégration a généralement un effet positif sur la perception du stress.

Les demandes de consultation liées à une surcharge de travail auprès d'ICAS, l'un des leaders de la fourniture de services de soutien aux employés en matière de santé mentale, ont plus que triplé au cours des trois dernières années (x 3,65 entre 2019 et 2022). Si l'on peut en grande partie attribuer cette augmentation à un monde du travail de plus en plus rapide et à ses exigences de plus en plus élevées, un aspect important est souvent ignoré : le changement des attentes des employés.
Des facteurs tels que le salaire et la sécurité ont longtemps été considérés comme les critères principaux de la satisfaction au travail. Mais, avec les générations Y et Z, un autre besoin émerge : la santé mentale.

Un salaire élevé n'est plus nécessairement le facteur décisif dans l'acceptation d'un nouvel emploi. Une relation équilibrée entre le travail et la vie privée, et une attention particulière portée au soutien et au maintien de la santé mentale sont devenues primordiales.

Les salariés attendent de leurs employeurs qu'ils accordent à la santé mentale une place centrale sur le lieu de travail. Les organisations seront évaluées à l'aune de leur façon de relever ces nouveaux défis. Il n'y aura bientôt plus que deux types d'organisations : celles qui se préoccupent de la santé mentale de leurs employés et celles qui n'ont pas perçu les signes du temps. Les premières auront une image de modernité et d'actualité. Les secondes seront condamnées à devenir des perdantes pour ce qui est d'attirer et de retenir les bons talents.

Face à leurs employés, les organisations sont confrontées à de nouveaux défis :

- **Pour simplifier toute éventuelle demande d'aide, les salariés ont besoin d'une offre d'assistance professionnelle facile d'accès et immédiatement accessible.**
- **Le stress mental, très individuel, dépasse les seuls facteurs professionnels dont se contentent la plupart des entreprises. L'offre de soutien doit être adaptée à l'individu et aller au-delà de l'enquête standardisée sur les facteurs de stress évidents. Une vision holistique des problèmes doit être adoptée.**
- **La stigmatisation et le manque de connaissances font qu'il est difficile pour les employés de reconnaître qu'ils ont besoin d'aide. Une culture ouverte et sans crainte autour de la santé mentale doit être encouragée en interne.**

3.3.1. Moderniser et simplifier le soutien psychologique

La consultation psychologique doit évoluer avec son temps et s'adapter à la mondialisation, à la numérisation et à la flexibilité du monde du travail.

Les longs délais d'attente ne sont pas raisonnables, l'aide doit être disponible immédiatement.

Quand le Carpathia a capté le SOS du *Titanic*, il a fait route à toute vapeur. Le temps d'arriver sur place, il n'a pu que constater le naufrage et récupérer à son bord près de 700 voyageurs évacués sur des canots de sauvetage... sur plus de 2 000 passagers.

Le soutien psychologique doit être accessible partout, à tout moment, et non planifié à l'avance dans un cadre strict : il doit être possible de rapprocher ou d'espacer les rendez-vous. Les personnes concernées doivent pouvoir choisir différents canaux : vidéo, chat, téléphone ou rencontre personnelle en face-à-face.

Par ailleurs, la psychologie doit rénover son image et prodiguer des conseils ciblés, efficaces en très peu de temps. Les études le montrent, cela existe déjà. L'amélioration du bien-être de plusieurs centaines d'employés grâce à des consultations de courte durée a ainsi été mesurée par ICAS dans le cadre d'évaluations pré et post-consultation.

COMPARAISON DE LA SÉVÉRITÉ DES SYMPTÔMES AVANT ET APRÈS LA CONSULTATION PSYCHOLOGIQUE

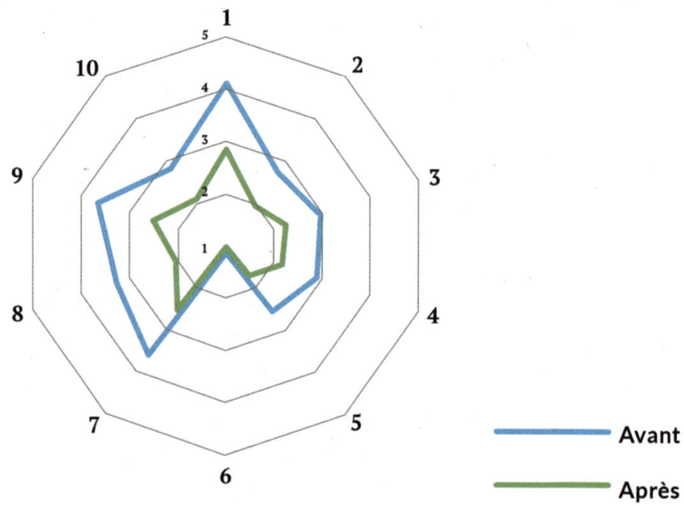

QUESTIONNAIRE CORE 10

Le stress et/ou les symptômes sont évalués au travers de 10 questions avec une échelle de 1 (pas d'impact) à 5 (impact critique) en termes de gravité : une première fois avant les séances de conseil psychologique (ligne bleue) et une seconde fois après les séances (ligne verte).

Il apparaît clairement que les interventions psychologiques à court terme, qui ont duré de cinq à huit séances au maximum, ont conduit à une amélioration significative du bien-être des employés.

3.3.2. Ne pas se limiter à la vie professionnelle

Les salariés ont besoin d'un soutien psychologique qui aborde également les questions d'ordre privé. On l'a vu, vie privée et vie professionnelle s'imbriquent comme des rouages et s'influencent mutuellement. Une interaction qui ne fait aujourd'hui que se renforcer. Une amélioration de la vie privée a donc un impact positif sur le travail.

Les études « avant/après consultation » décrites ci-avant ont permis de comparer non seulement l'état de santé des employés, mais aussi leurs performances professionnelles.

– Le pourcentage d'employés en congé de maladie en raison du problème abordé a été ramené de 34 % à 8 % grâce à l'accompagnement psychologique.

– Avec l'aide d'une consultation psychologique à court terme, la proportion d'employés s'estimant capables de travailler sans restriction est passée de 30 % à 67 % (statistiques ICAS, 2015).

3.3.3. Former, informer, et faire circuler l'information

Face aux nombreux icebergs répertoriés, potentiellement créateurs de crise, quelle attitude adopter ? Comment aborder de manière appropriée la question de la santé mentale ? Pour améliorer quoi ?

Il est possible d'entamer une prévention active précoce et efficace, étape par étape, bien avant de se trouver pris au piège dans les glaces...

- **Sensibiliser vos employés.** Dispensez une formation sur la santé mentale, afin d'informer les employés sur les signes qui doivent les alerter et sur la manière d'obtenir de l'aide en cas de besoin.

- **Encourager un dialogue ouvert.** Incitez vos employés à parler ouvertement de leur santé mentale et créez un environnement inclusif où ces questions peuvent être abordées sans préjugés.

- **Fournir des services de santé mentale.** Veillez à ce que vos employés aient accès à des services de soutien en matière de santé mentale. Assurez-vous qu'aucun sujet ne soit exclu (évitez, par exemple, la ligne d'écoute exclusivement limitée aux sujets professionnels), car cela peut perpétuer la stigmatisation.

- **Faire de la santé mentale un point standard de l'ordre du jour des réunions de direction et/ou d'équipe.** Normalisez la question en discutant, au sein de l'organisation, de la manière de mieux gérer le stress et de maintenir un bon équilibre entre vie professionnelle et vie privée. Mettez la santé mentale à l'ordre du jour... avant qu'elle ne devienne un sujet brûlant et que vous soyez dans l'obligation d'éteindre un incendie !

Quand les alertes et les statistiques sur les problèmes de santé mentale s'accumulent, attendre sans agir est une décision des plus risquées. Imiter le commandant Smith n'est pas recommandé...

3.4. Entretien avec Arthur Nichols, steward de 3e classe à bord du Titanic

À 1 h 40 du matin, le 15 avril, le *Titanic* s'enfonçait lentement dans les flots et le temps était compté. Voilà ce qu'aurait pu déclarer dans l'urgence un membre « de base » de l'équipage du paquebot.

« Comment vous sentez-vous ?

– Vous plaisantez ? Je suis complètement dépassé par la situation. Où sont les experts qui auraient pu me venir en aide ? J'ai besoin de directives claires ! Je suis seul, impuissant et en colère : est-ce normal de devoir se battre seul pour essayer de sauver ce qui peut l'être alors qu'il y a un équipage expérimenté quelque part à bord ?

– Les officiers et le commandant sont également très occupés...

– Tout ça, c'est de leur faute : j'aurais eu besoin d'aide plus tôt... Pour savoir quoi faire. Maintenant, c'est la panique partout... Et je cours désespérément dans tous les sens pour essayer de survivre. Il n'y a même pas de gilets de sauvetage en nombre suffisant... »

4. Le retour d'investissement en prévention précoce

4.1. Le positionnement de la prévention précoce

La prévention comporte trois niveaux. Le premier, qui permet d'éviter une éventuelle catastrophe, consiste à prendre conscience des icebergs pouvant exister dans les sphères professionnelle et privée et à réunir toutes les informations à leur sujet. Quels sont les risques possibles dans des circonstances données, selon mon cadre de vie ? À ce stade, aucun indicateur d'alerte n'est encore activé. Il s'agit seulement d'observer.

Le deuxième niveau de prévention est atteint lorsque les premiers indicateurs d'alerte sont ressentis et indiquent qu'un risque pour la santé mentale est imminent et des dommages probables.

L'absence de réaction à ce deuxième niveau conduit au troisième, lorsque l'accident, la maladie ou la crise se produit ou s'est déjà produite, et que des mesures urgentes deviennent impératives pour éviter le désastre total.

La notion de « prévention précoce » se situe au tout début du deuxième niveau de prévention : il s'agit d'agir dès l'apparition des premiers indicateurs. Attendre en gardant les yeux obstinément clos augmente les risques d'accident : un navire a besoin d'une distance d'arrêt. Il en va de même en ce qui concerne les entreprises, les cadres et les individus. Ils ont besoin de temps et de recul pour changer le cours de leur existence.

4.2. Le délai de prévention

Prendre en compte une distance d'arrêt ou de rupture quand on souhaite mettre en œuvre un changement nécessaire dans son existence est crucial, car : (i) pour réussir, un changement doit être préparé ; (ii) attendre en restant passif peut créer des dommages irréversibles et réduire la probabilité de succès du changement.

Il est rare de pouvoir reprendre le processus à zéro dans l'espoir de mieux faire. Le point de non-retour est peut-être franchi. Le *Titanic* n'a pas pu éviter l'iceberg, le navire l'a remarqué trop tard.

De combien de temps une entreprise, un cadre ou un individu dispose-t-il pour ne pas heurter un iceberg ? En tout état de cause, attendre et voir venir, « *wait and see* » disent les Britanniques, peut conduire droit dans l'obstacle... Mieux vaut passer à l'action.

Mais quelle action choisir : s'arrêter ou foncer à toute allure ? De telles décisions ne peuvent être prises ou discutées au sein des équipes de management que si l'on dispose de suffisamment de temps après les premiers messages d'avertissement sérieux. Agir sous l'effet de la panique, l'histoire du *Titanic* le prouve, est loin d'être une bonne option. Pour les officiers d'un navire, pour un pilote de ligne, pour un chef d'entreprise ou pour un individu.

Le concept de « *time to market* » désigne le moment le plus pertinent de lancement d'un produit ou d'un service afin d'en concrétiser tout le potentiel de réussite. Cette notion est également valable pour le lancement d'actions préventives. Le slogan *« time to prevention »* pourrait ainsi traduire la nécessité d'un délai de prévention : n'attendez pas, entreprenez des actions dès la réception des premiers messages d'alerte. Prévenir les risques et les dangers potentiels au plus tôt permet d'éviter toute évolution négative d'une situation de crise.

La traversée du *Titanic* aurait dû être interrompue au titre d'une prévention précoce dès les premiers avertissements concernant la présence de glaces plus au sud que les autres années et la chute de la température de l'air. L'arrivée à New York aurait été légèrement retardée. Et alors ? Mieux vaut un retard d'une journée ou la perte d'un navire et de la plupart des personnes à bord ? La question est certes cynique, mais on parle ici de bien-être humain. La prévention précoce est un choix de bon sens pour maintenir le bien-être en réduisant les risques, les dommages, mais aussi les coûts. C'est le sens de *« time to prevention »*.

En dehors de la France, les calculs de retour sur investissement effectués pour la prévention dans le domaine de la santé mentale indiquent un rapport de 1:6 à 1:10 pour chaque euro dépensé.

Les cinq principaux problèmes ayant nécessité une prévention psychologique précoce en France en 2022 sont les suivants (ce tableau ne diffère que marginalement de celui des autres pays d'Europe occidentale) :

(i) difficultés relationnelles, séparations et divorces ;

(ii) charge de travail (la fréquence de ce problème a doublé depuis 2021) ;

(iii) conflits au travail ;

(iv) inquiétude des membres de la famille à propos de la santé mentale de la personne ;

(v) dépression.

Ces sujets ont une influence majeure sur le taux de présentéisme des employés (au sens anglophone du terme) et, par conséquent, sur l'augmentation des coûts non productifs. Quel gâchis ! Encore *« time to prevention »*.

4.3. La nécessité d'une prévention globale

Un malentendu crucial veut qu'un employé ne devrait pas être soutenu dans sa vie privée parce que celle-ci s'organise en dehors du lieu de travail. D'une part, dans le cas du télétravail, les deux dimensions de la vie se rencontrent directement. D'autre part, toutes les questions qui touchent à sa vie voyagent tous les jours avec l'employé entre son domicile et le bureau. Et vice versa.

Élargir la prévention au-delà des risques psychosociaux

Se concentrer uniquement sur la prévention des risques psychosociaux (RPS) liés au travail, c'est exclure les sources les plus largement observées de réduction de la performance des employés. En France, en 2022, 68 % des besoins d'assistance en santé mentale concernent la vie privée des salariés (contre 64 % en 2021). Seulement 32 % (C) sont liés à leur travail (contre 36 % en 2021) et peuvent être traités par les lignes téléphoniques RPS proposées comme solution.

Cette tendance générale est observée dans toute l'Europe. L'origine des besoins d'assistance en santé mentale se situe de plus en plus dans la sphère privée de la vie des travailleurs. Les RPS, entièrement liés à la vie professionnelle, ne représentent qu'une petite partie du problème de la santé mentale individuelle.

Dans la plupart des cas, l'effet négatif d'un problème de santé mentale a un impact direct et indirect sur les performances personnelles au travail.

Tenir compte de situations de vie de plus en plus complexes

Au cours des quinze dernières années, le ratio de complexité des situations nécessitant une assistance de la part des individus a connu une hausse régulière. La complexité est déterminée par le nombre de questions/problèmes individuels qui conduisent à un cas d'assistance. Prenons par exemple le cas d'un divorce : il peut entraîner un problème mental (1. Tristesse), des contraintes financières (2. Séparation des actifs), mais aussi des conflits au travail (3. Faible performance due à la déconcentration) et des problèmes familiaux et organisationnels plus larges (4. Gestion des enfants). Le ratio de complexité s'établit ici comme un cas ayant quatre problèmes : ratio 4.

Ce ratio est passé de 1,2 en 2008 à 1,8 en 2022, en Europe occidentale et en France. On peut donc affirmer que la complexité des situations individuelles a augmenté. Le message d'alerte gagne en intensité. Il est temps de passer à l'action.

Améliorer les performances des individus et des organisations

Parlons peu, parlons bien : le recours à la prévention précoce risque-t-il de faire exploser le budget des organisations ? À quelle fréquence les services de prévention offerts par les prestataires, dont ICAS, avec sa présence locale, est un exemple international de premier plan, seraient-ils sollicités ? Dans le cas des lignes de soutien psychologique (RPS), la moyenne est inférieure ou égale à 0,5 % de l'ensemble des salariés par an. Dans le cadre plus large du service d'assistance aux employés, l'utilisation est supérieure à 3 % de l'ensemble des employés par an.

Mais, ne l'oublions pas, chaque fois qu'un iceberg n'est pas heurté, un avantage est créé : un employé qui reste à flot est un employé plus performant au travail. C'est l'essence même de la prévention.

La prévention précoce sera toujours plus facile et moins coûteuse que la gestion des défis de plus en plus complexes qui conduisent les employés à demander de l'aide. Autant éviter de reproduire en entreprise la légèreté du commandant Smith face aux alertes...

4.4. Le retour sur investissement

Mieux vaut être prévenu : le calcul du retour sur investissement dans le domaine de la prévention précoce ciblée sur la santé mentale pourrait surprendre tous les responsables financiers !

Chaque investissement aura un triple effet :
a) contribuer positivement à la crédibilité de la vie culturelle de l'organisation ;
b) fortifier le professionnalisme du personnel exécutif dans les moments critiques de leadership ;
c) améliorer les performances des employés en réduisant à la fois le présentéisme et l'absentéisme, ET en augmentant leur mieux-être en tant que contributeur positif aux performances de l'entreprise.

Certes, les effets a) et b) représentent un bonus difficilement mesurable. Il ne faut cependant pas les sous-estimer, car les déficits dans ces domaines ont, à terme, des conséquences néfastes sur les performances globales de l'organisation.

Pour ce qui concerne le point c), ce guide n'étant pas un cahier d'exercices de mathématique, vous pourrez trouver un modèle pour calculer rapidement le ROI dans votre organisation dans la deuxième partie de ce livre.
Nous vous garantissons un certain degré de surprise.

Liberté ! Egalité !
Santé !
Tesson

5. Un appel à l'action en France

Le commandant Edward Smith, seul maître à bord du *Titanic*, était libre de prendre toute mesure préventive après les alertes concernant les icebergs. En France, les entreprises et les organisations n'ont pas le choix : elles sont tenues par la loi d'investir dans la prévention de la santé mentale.

L'obligation légale de l'employeur consiste à prendre « toutes les mesures nécessaires pour assurer la sécurité et protéger la santé physique et mentale des travailleurs » (article L. 4121-1 du code du travail). Elle implique le devoir de prévenir les risques psychosociaux dans l'entreprise, caractérisés en six facteurs d'analyse définis par l'Institut national de recherche et de sécurité, et requiert la mise en place de mesures de prévention combattant « les risques à leurs sources », et tenant compte de tout changement de circonstances.

En vertu de cette obligation, les employeurs sont directement et personnellement responsables de la protection de la santé de leurs collaborateurs. Pourtant, nombreux sont ceux qui n'ont pas encore pris conscience de l'étendue de cette responsabilité. En pratique, ils peinent à saisir la complexité de sources de risques multifactorielles. Le thème de la santé au travail, ou de la qualité de vie et des conditions de travail, n'est pas encore intégré comme un sujet de gouvernance.

Le code du travail mentionne des sources de risques professionnels. Mais l'obligation de l'employeur désigne une prévention générale de la santé, sans distinguer une « santé liée au travail » d'une « santé privée ». Or, force est de constater que les sphères professionnelle et privée sont interdynamiques et indissociables. Comment définir avec assurance l'origine personnelle ou professionnelle d'une problématique, compte tenu du nombre croissant d'interconnexions de ces sphères de vie sur une journée ? En période de télétravail généralisé, les limites théoriques des sphères de vie privée et professionnelle s'éliminent radicalement pour ne former qu'un seul et unique environnement.

Il convient par conséquent de considérer les sources de risques dans une approche de santé globale. L'ensemble des charges mentales contribue à l'augmentation des risques psychosociaux et à l'apparition de troubles mentaux, conséquences propres à mettre en péril la santé et la performance de l'employé au travail. L'augmentation de l'absentéisme et la multiplication de micro-arrêts de travail sont des problèmes reconnus, à considérer au sein des entreprises comme indicateurs d'alerte et de coûts financiers.

Ces risques et coûts induits peuvent être négligés ? « Non, définitivement pas », penserez-vous sans doute... Eh bien, c'est pourtant globalement l'usage aujourd'hui.

À l'heure où 68 % des sujets qui préoccupent les salariés français pendant leurs heures de travail trouvent leur origine dans leur vie privée (C), l'approche classique de la prévention de la santé mentale, uniquement fondée sur le stress et les RPS (risques psychosociaux), est fondamentalement non stratégique. En excluant la plus grande source d'effets négatifs sur la santé mentale, elle expose davantage l'employeur au risque de ne pas répondre aux exigences de l'obligation prévues par le code du travail.

Alors, que faire pour protéger les employés, se protéger en tant qu'employeur et atteindre de meilleurs résultats collectifs ?

En matière de prévention de la santé au travail, la tendance au « RHwashing » a vu naître ces dernières années pléthore d'offres en marketing du bien-être des collaborateurs. Vous reprendrez bien un peu de ce concept hédonique, moderne et universel visant le bonheur au travail pour tous ? Ou plutôt cette autre approche consistant à remplacer « RPS » par « QVT » (Qualité de Vie au Travail), faisant ainsi disparaître un acronyme dotés d'éléments de ressenti négatif (« risques ») au profit d'un autre acronyme intégrant une promesse positive (« qualité ») ?

Aucune de ces approches cosmétiques ne saurait être une réponse de fond aux troubles systémiques des entreprises, tels que la modification des conditions de travail, le désengagement des collaborateurs, la recherche de sens, l'isolement social... Troubles qui génèrent des baisses de performance trop souvent sous-estimées.

La solution réside dans une approche globale, multidimensionnelle, et appropriée aux sources de tous les facteurs de troubles et de risques.

“

Dear Captain

...Time-to-Prevention right now!

”

Un investissement profitable

Plus un service de prévention en matière de santé mentale sera utilisé de manière globale et étendue, plus les bénéfices seront importants pour toutes les personnes impliquées. Disposer d'un bouquet de services permet à l'employeur de détecter plus aisément les icebergs individuels et collectifs.

L'esprit d'entreprise consiste à récolter le fruit d'investissements rentables. Or, investir dans la santé mentale de l'organisation, de tous les managers et de tous les employés est profondément rentable. Bien plus qu'une remise en état après un accident ou une crise.

Il nous faut tirer les leçons du naufrage du *Titanic*. Parfois, plus aucune réparation n'est possible.

Le mot de la fin

La prévention précoce est nécessaire, il n'y a pas d'alternative. Tant pour la santé mentale que pour la santé physique, pour l'employé, le dirigeant et pour l'organisation.

Accepter les risques encourus par le *Titanic* n'est pas une option, car à la fin, c'est peut-être la fin... de tout. L'histoire du *Titanic* est une tragédie provoquée par l'homme. Elle était malheureusement imaginable et évitable.

Nous vous invitons à ne pas répéter ces erreurs, en particulier dans le domaine de la santé mentale. C'est l'essence même du leadership moderne.

Il est donc temps de poser la question : qui est l'ingénieur en chef responsable de la santé mentale de votre bateau et de son équipage ? Qui est chargé de la prévention précoce dans l'entreprise ?

S'agit-il du directeur des ressources humaines ou du médecin du travail ? Dans la plupart des cas, les titulaires de ces fonctions très importantes sont déjà surchargés de travail. Et ils ne sont généralement pas spécialisés dans la santé mentale. Est-il bien pertinent de confier la responsabilité de la santé mentale à un « amateur » ? Personne ne prendrait ce risque... D'autant que même un professionnel expérimenté peut commettre des erreurs dramatiques, à l'instar du commandant Smith.

Les problèmes de santé mentale sont souvent difficiles à discerner, cachés au cœur des individus. C'est pourquoi chacun doit rester maître de sa capacité à travailler et à recevoir de l'aide en cas de besoin. La seule solution est donc de mettre en place toute l'architecture d'aide et de soutien nécessaire à des services d'auto-assistance. Ces services doivent être facilement accessibles, à tout moment, en tout lieu et en toutes circonstances, et relèvent de la responsabilité de la direction de votre organisation.

2

OUTILS D'ANALYSE ET AUTOTESTS

Nous souhaitions conclure avec une partie de mise en pratique, au travers d'outils que nous partageons, afin que le chemin restant à parcourir en matière de prévention de la santé mentale soit dorénavant le vôtre.

Vous trouverez ci-après des outils d'analyse qui vous guideront en matière de prise en main de la santé mentale et des différents icebergs évoqués ci-avant. Nous vous proposons également des autodiagnostics comme aide à la mesure pour une approche pragmatique et objective des situations.

À vous de voir ce qui s'appliquera le mieux à votre environnement, et selon que vous soyez dirigeant, manager ou employé.

OUTIL NUMÉRO 1

Modèle de management

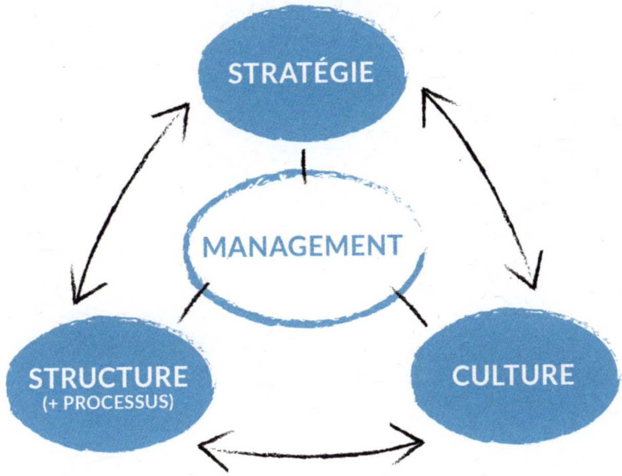

Le modèle de gestion proposé ici est un résumé du modèle de gestion de Saint-Gall, qui a conservé sa pertinence au cours des cinquante dernières années. Il peut être appliqué pour analyser l'existence d'éventuels icebergs, mais aussi pour vérifier la qualité de la mise en œuvre de la prévention en matière de santé mentale au sein de votre organisation.

La **stratégie** de prévention précoce de la santé mentale. Faites le point sur l'orientation officielle de votre organisation en matière de santé mentale (pas les belles paroles, mais les actions concrètes, SVP). Cet état des lieux montre l'importance que l'organisation accorde au sujet en termes de performance. Une notion, on le rappelle, primordiale pour les employés des jeunes générations Y et Z.

Le **processus** permettant d'accéder facilement, directement et à tout moment à un service de prévention. Il doit être connu : quelles sont les structures mises en place dans l'entreprise pour garantir l'anonymat, la disponibilité et le professionnalisme de l'assistance aux employés ?

La **culture** de l'assistance et du coaching, intégrés comme action de prévention, constitue une force, qui prémunit l'organisation contre la survenue de crises soudaines. Comment diffuser cette culture par des actes compréhensibles et observables ? Comment renforcer la crédibilité de l'organisation dans le domaine de la santé mentale ?

La **gestion** de l'ensemble du concept de prévention précoce. Quelle est son importance statistique pour l'entreprise ? La prévention de la santé mentale relève-t-elle de la responsabilité et de l'action des dirigeants de votre organisation ? Est-ce un élément standard de votre formation au leadership ?

Dans quel domaine l'appel à l'action est-il le plus important et le plus urgent ?

Analyse SWOT « enrichie »

Quels sont les éléments mentaux, psychologiques et invisibles, mais néanmoins ressentis, de l'analyse SWOT pour votre organisation ?

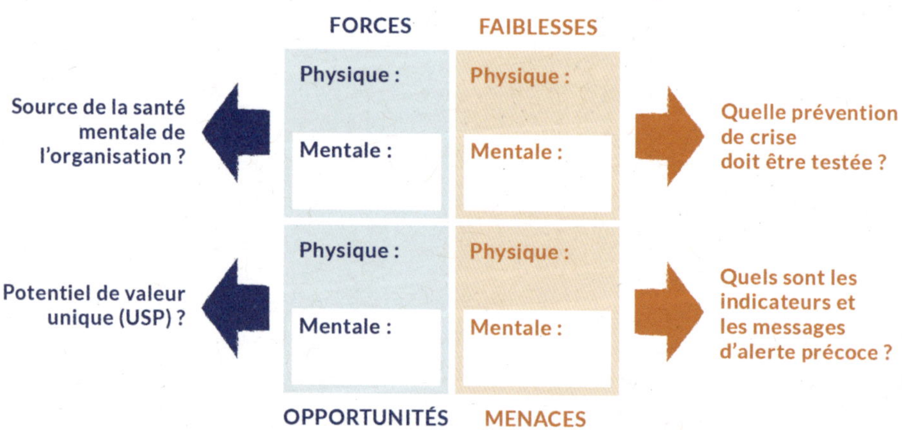

Une force mentale ou une opportunité peut être :

- la confiance au sein de l'organisation et la confiance en soi des équipes ;
- le style de gestion qui responsabilise les employés ;
- les initiatives des salariés sur le lieu de travail, l'innovation ascendante ;
- le sentiment d'avoir un sens et un objectif grâce à une communication interne intense.

Une faiblesse mentale ou une menace pourrait se trouver dans les icebergs suivants :

- peur dans l'organisation, plutôt chez le personnel que chez la direction ;
- manque de motivation personnelle et faibles performances, présence accrue de conflits imminents et cachés ;
- manque de volonté de développer de nouvelles compétences et de porter le succès de l'organisation vers l'avenir ;
- toutes les forces et opportunités mentionnées ci-dessus, mais dans un sens négatif.

Les mêmes éléments peuvent apparaître dans des cases différentes sous des signes opposés.

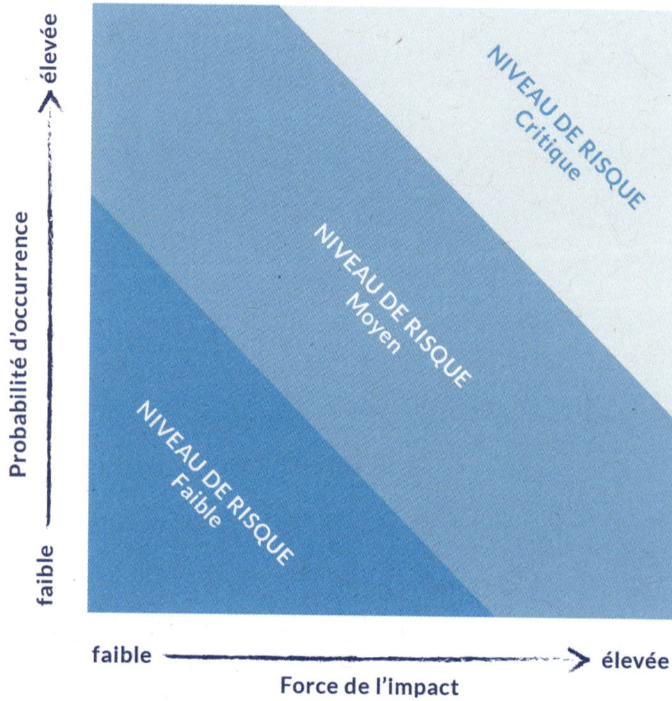

Une fois cette liste de risques ou d'icebergs possibles établie, il serait judicieux d'analyser leur impact probable. Le tableau ci-dessous permet de déterminer « quelles actions » doivent être entreprises et « à quel moment ».

Vous l'aurez compris, le commandant Smith a complètement négligé la « probabilité d'occurrence » du danger « iceberg ». La « force de l'impact » sur le *Titanic* a ensuite été totalement sous-estimée : le navire était réputé insubmersible, mais les dégâts d'une collision frontale auraient tout de même été énormes et nocifs pour les passagers. Un risque insensé pour le voyage inaugural d'un nouveau et très luxueux paquebot !

Quel PDG serait prêt à commettre de telles erreurs ?

Les icebergs?
Pas chez moi.
Tesson

OUTIL NUMÉRO 2

Testez votre résilience

Les cadres sont généralement soumis à des pressions intenses pour obtenir des résultats et garantir la performance de leurs équipes. Il est donc utile de procéder à une auto-analyse de sa capacité à résister à ces pressions et de son aptitude à rebondir.

Pour tester la situation dans laquelle vous vous trouvez, voici un test Stress et Résilience.

Veuillez additionner les points ci-dessous, qui reflètent les sentiments que vous avez ressentis et observés à votre sujet au cours des dernières semaines. Demandez-vous, au cours de votre réflexion, si les personnes de votre entourage classeraient vos réponses de la même manière que vous.

		Pas du tout d'accord	Pas d'accord	Incertain	D'accord	Tout à fait d'accord
1	Je me fixe des objectifs réalistes.	1	2	3	4	5
2	Je réagis souvent de manière positive aux changements de travail.	1	2	3	4	5
3	J'admets facilement mes erreurs.	1	2	3	4	5
4	Je peux me pardonner mes erreurs passées et aller de l'avant.	1	2	3	4	5
5	J'ai un réseau d'amis bien établi.	1	2	3	4	5
6	En général, je peux me détendre et m'amuser.	1	2	3	4	5
7	Je n'hésite pas à demander de l'aide.	1	2	3	4	5
8	Je fais volontiers face aux problèmes.	1	2	3	4	5
9	Je rebondis facilement lorsque je suis confronté(e) à un échec.	1	2	3	4	5

Additionnez vos scores et reportez-les sur l'échelle ci-dessous.

9 — **27** — **45**

Faible — **Élevé**

Plage de 9 à 18. Vos réponses suggèrent une faible tolérance au stress. Peut-être vous imposez-vous une pression excessive. Il pourrait vous être utile de consulter un conseiller, afin d'examiner comment mieux faire face à la pression.

Plage de 19 à 33. Il s'agit là de la fourchette moyenne des réponses. Il se peut que vous ayez encore des difficultés à faire face au changement ou que vous recherchiez trop la perfection. Plus vous surveillerez la façon dont vous gérez la pression, plus vous deviendrez résistant au stress.

Plage de 34 à 45. Vous semblez avoir une approche positive de la gestion de la pression. Vous connaissez vos forces et vos limites, et pouvez demander du soutien si nécessaire. Vous êtes réaliste en ce qui concerne le changement et le degré de contrôle que vous pouvez tolérer dans votre vie.

Selon votre score, une combinaison d'actions physiques et organisationnelles peut s'avérer nécessaire. Ces interventions doivent être adaptées au type de message d'alerte précoce que vous recevez et observez. Leur objectif est de maintenir ou de retrouver vos performances en tant que cadre et individu. Pour plus d'informations, vous pouvez consulter icas-france.com.

OUTIL NUMÉRO 3

L'iceberg du temps perdu

Les réunions inefficaces constituent un facteur important de perte de temps et d'énergie au travail. Celles-ci forment un iceberg au fil du temps. Le stress devient alors le résultat de ce gaspillage inutile et nuit à la santé mentale de l'individu.

Pour calculer et évaluer la taille de cet iceberg personnel, veuillez répondre aux deux questions suivantes :

a) Quelle est, en moyenne, la part de votre temps de travail que vous consacrez aux réunions ? Une réunion peut être une réunion formelle dans une salle de réunion, une réunion virtuelle, une conversation en face à face ou un appel téléphonique.

___% (les managers sont souvent entre 50 et 80 % dans de telles situations de travail)

b) Quel est le temps passé en réunion qui pourrait être économisé ou simplement supprimé SANS que le résultat de la réunion ou la qualité de la décision n'en soient impactés ? Début de réunion non ponctuel, sujets sans importance, discussions parallèles, monologues inutiles, inattention due à la consultation des courriels sur les smartphones ou manque de préparation de la réunion (n'ayant pas lu les documents préparatoires). Toutefois, l'aspect social des réunions ne doit pas être compromis et doit donc être préservé. Mais discuter longuement des résultats du football peut ne pas intéresser toutes les personnes présentes dans la salle et constituer une perte de temps pour la réunion.

___% (les managers ont souvent déclaré que 33 % du temps de réunion était gaspillé dans le sens indiqué ci-dessus).

Veuillez maintenant multiplier vos réponses a) et b), ce qui donnera un certain pourcentage. Fixez ensuite ce pourcentage par rapport à votre temps de travail réel par semaine ou par mois.

Préparez-vous au choc, même si le calcul est "quick & dirty" :

La formule est la suivante :

Le résultat de a) ___% multiplié par le résultat de b) ___% donne ____% de votre temps de travail.

Combien cela représente-t-il en heures de travail, en jours de travail, en mois de travail par an ?

En général, le résultat est d'environ 30 jours de travail ou 1 à 1,5 mois de travail par an !

La première mesure de prévention contre cet iceberg caché qu'est la « perte de temps en réunion » consiste à adopter la meilleure culture managériale et les meilleures règles possibles en matière de gestion des réunions. De nombreux ouvrages et formations sont disponibles depuis longtemps. Mais dans quelle mesure sont-ils mis en œuvre ? Le retour sur investissement est important, car le temps perdu en réunion n'affecte pas seulement le manager ou le dirigeant, mais aussi tous les autres participants aux nombreuses réunions !

OUTIL NUMÉRO 4

Les 5 questions majeures du dirigeant

Peter Drucker, le célèbre expert en management, avait prédit de nombreux points d'attention et priorités pour un management moderne réussi. L'un de ses principes de base était de poser les questions fondamentales et de trouver les bonnes réponses au sein de l'équipe de direction.

Ne vous laissez pas aveugler par le fait que les questions elles-mêmes peuvent sembler triviales.

Question 1 : Quelle est notre mission ?
Malheureusement, de nombreuses organisations ne font pas la différence entre une vision et une mission. La mission est la raison d'être de l'organisation sur le marché.

Voici les icebergs qui constituent un danger pour votre mission

(i) Souvent, une diversification du modèle d'entreprise et du produit ou du segment de marché peut s'avérer plus néfaste à long terme qu'une bonne et unique opportunité commerciale. Est-ce que vos diversifications sont conformes et supportent la mission de l'organisation ?

(ii) Avez-vous externalisé les éléments de votre organisation qui ne sont pas les plus performants et qui ne correspondent pas à la mission ? Si non, pour quelle raison ?

Question 2 : Qui est notre client ?
Cette question vise le marché de l'organisation avec ses prospects en tant que clients potentiels. Le marché doit-il être segmenté ? Et qui ne sont pas les clients potentiels qui sont à écarter de la cible ?

Quels sont les clients que nous devrions cesser de servir parce qu'ils ne sont pas rentables pour l'organisation ?

Question 3 : Qu'est-ce qui représente de la valeur pour notre client ?
Trop souvent, notre propre perception des besoins du client est un iceberg statique qui nous fait face. Ce qui est important pour le client (potentiel et existant) peut changer au fil du temps ! Votre organisation devance-t-elle la concurrence en ce qui concerne les aspects les plus importants pour le client ? Aujourd'hui et demain ?

Question 4 : Quels résultats recherchons-nous ?
S'agit-il du bénéfice annuel, d'une part de marché, de la position sur le marché ou de la simple survie qui est à la base de la stratégie de l'entreprise ? Quels sont les objectifs de résultat par groupe cible ou domaine d'activité ?

Question 5 : Quel est notre plan ?
Voici un gros iceberg possible : beaucoup d'idées, de documents et de concepts sont créés. Mais quelle est leur mise en œuvre opérationnelle dans la réalité ? Rappelez-vous que si vous avez plus de cinq objectifs à atteindre, c'est que vous n'en avez aucun (Peter Drucker).

Les cinq questions visent à soutenir la mission, à rétablir l'orientation de l'organisation... à garder le cap !

(Literature: P. Drucker et al.: The Five Most Important Questions You Will Ever Ask Your Organization, 2008)

OUTIL NUMÉRO 5

La 3P - Prévention Précoce Proactive

Y a-t-il des mesures à prendre, que l'on se trouve ou non à proximité d'un champ de dangers ?

Oui, car la prévention précoce consiste à éviter les situations dangereuses et les risques, le plus tôt possible ou de manière à ce qu'aucun iceberg ne devienne un danger par la suite.

Selon S. Covey, il existe quatre actions pour faire face aux difficultés à venir (icebergs) en période d'incertitude. Ces icebergs peuvent être (i) l'échec de l'exécution, (ii) des sentiments de méfiance à l'égard de l'organisation, (iii) la perte de concentration et (IV) une peur omniprésente.

Vous pouvez auto-évaluer la situation dans votre environnement de travail ou dans l'entreprise. Le passage à l'échelle supérieure nécessiterait des actions « préventives précoces » à mettre en œuvre.

Votre évaluation de la situation pour chaque point
Échelle 0 = non / aucun, 100 = parfait / complet
Que faut-il pour déplacer le pourcentage ?

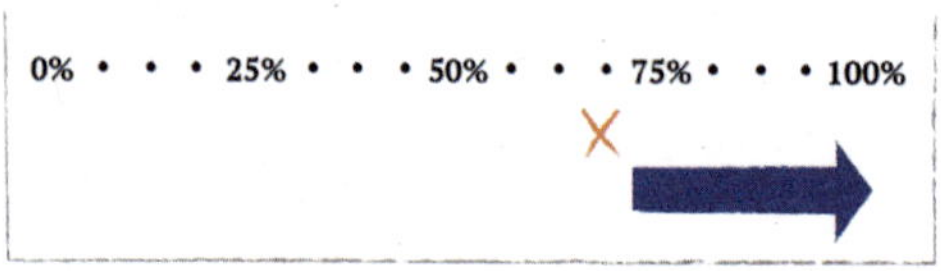

Action 1 : Exécuter les priorités avec excellence

Pour qu'une nouvelle stratégie soit couronnée de succès ou que de nouvelles priorités soient fixées, il faut qu'elles soient connues et bien mises en œuvre. Le point de départ est donc constitué par les éléments suivants.

1. Combien d'employés de votre organisation connaissent la nouvelle stratégie et/ou l'orientation prévue pour l'entreprise ? (Attention à ne pas être trop optimiste sur ce point)

2. Les objectifs sont-ils peu nombreux (cinq au maximum) et sont-ils tous mesurables ?

3. Les objectifs ont-ils été communiqués et répétés périodiquement aux employés ?

4. L'exécution des priorités est-elle périodiquement contrôlée par rapport aux objectifs, corrigée et ajustée ?

5. La méthodologie de la gestion de projet est-elle connue et mise en œuvre dans l'organisation ?

Action 2 : Aller de l'avant à la vitesse de la confiance

L'absence de confiance ou la méfiance active consomme du temps, de l'énergie et de l'argent. Elle ralentit tout processus interne en rendant les justifications (la plupart des courriels internes) et les contrôles nécessaires. L'iceberg « lenteur » n'aura alors aucune chance d'apparaître.

1. Quelle est l'importance de la transparence interne sur les questions importantes (vues par les employés) ?

2. Les promesses des membres de la direction sont-elles tenues (selon les employés) ?

3. Quel est le taux de dissimulation des échecs de la direction ? (Attention : échelle inversée !)

4. Les décisions de la direction sont-elles suffisamment bien expliquées (selon les employés) ?

5. Les conflits entre les membres de la direction sont-ils traités ouvertement et positivement (lorsque cela est noté par les employés) ?

Action 3 : Faire plus avec moins

Un iceberg classique est le mécontentement des clients à l'égard du service qu'ils reçoivent. L'élimination de toutes les tâches internes inutiles et la réorientation des ressources vers la satisfaction des besoins des clients en leur offrant des avantages supplémentaires attendus permettront d'obtenir de meilleurs résultats.

1. Quel est le pourcentage de travail interne (le volume de travail interne total d'aujourd'hui étant de 100 %) qui peut être réduit immédiatement, sans qu'aucun processus ou résultat ne soit impacté ? (Attention : échelle inversée !)

2. Quel est le pourcentage de la clientèle qui vous recommanderait à nouveau en tant qu'organisation (en tant que fournisseur ou employeur) ?

Action 4 : Réduire la peur

Cette action non tangible est liée à l'action 2. Même si la peur ne peut pas être complètement supprimée au niveau interne, sa présence doit être réduite.

1. Quel est le pourcentage d'employés qui sont sur le point de quitter l'organisation et qui ont déjà mentalement quitté leurs fonctions ? (Attention : échelle inversée !)

2. Existe-t-il un process, un service ou un lieu neutre où les employés pourraient exprimer leurs sentiments de peur ou d'anxiété internes en lien avec l'entreprise ou le management ? (Attention : question fermée – cochez 100 pour « oui » ou 0 pour « non »)

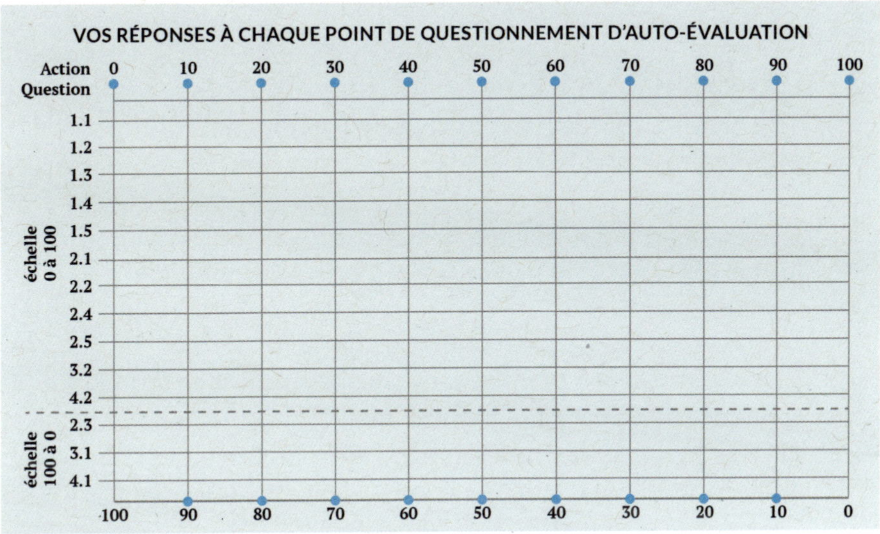

Tout déplacement sur l'échelle vers la droite mettra votre organisation sur la voie de la prévention précoce. Les éléments dont l'échelle est inversée (actions.éléments : 2.3, 3.1 et 4.1) auront le même effet que les actions de prévention précoce, mais devront être déplacés vers la gauche pour réduire leur existence et leur impact.

(Littérature : S. M. Covey ; Predicable Results in Unpredictable Times, 2009)

OUTIL NUMÉRO 6

Diagnostic WES

Mesure des icebergs de la santé mentale :
Le diagnostic WES sur la vie au travail (WES pour Work Experience Scan)

Dans quelle mesure les managers et les employés se sentent-ils bien, fonctionnent-ils et sont-ils performants au sein d'une organisation ? S'ils n'exploitent pas pleinement leur potentiel, il peut y avoir des causes provenant de différentes sources qui menacent leur santé mentale. Il serait donc important de prendre connaissance des icebergs qui existent déjà et de se prémunir contre de ceux qui sont encore invisibles.

Le diagnostic WES est un outil holistique qui permet de visualiser le statu quo et les nombreuses sources possibles d'un manque de bien-être des employés à travers leur perception des aspects du travail au sein d'une équipe, d'un département entier ou de l'ensemble de l'organisation.

Le WES est basé sur un modèle théorique créé en 1998 par les professeurs E. van de Loo et Th. Compermolle. Depuis lors, le WES a amélioré le bien-être, la communication et les performances de nombreux individus, équipes et organisations en sachant exactement quelles actions préventives entreprendre.

Schéma du modèle WES

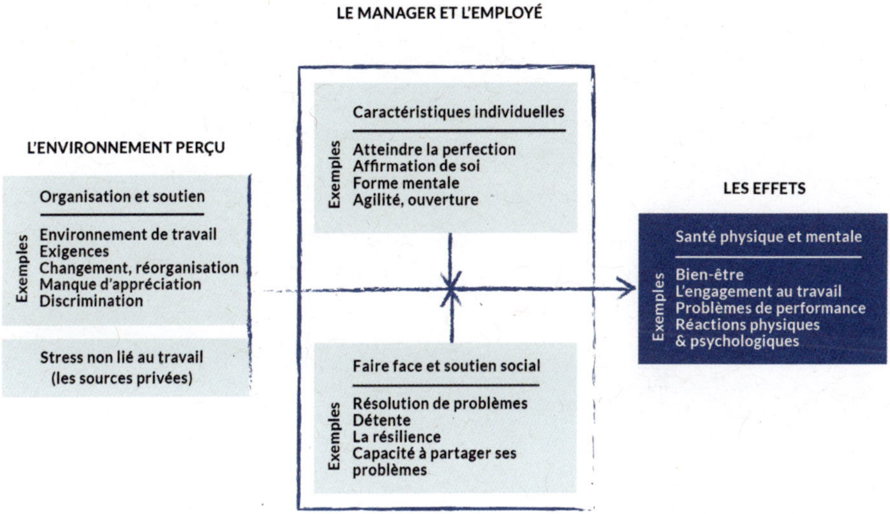

Le WES s'applique en une brève analyse de 72 éléments mesurés par des réponses « oui » ou « non ». C'est l'affaire de 10 minutes par personne. Les coûts sont tout à fait gérables. Les résultats indiquent les premières mesures cibles pour améliorer et prévenir toute situation indésirable constatée, dans le cadre d'un dialogue guidé. Un conseiller certifié vous aidera dans l'orientation vers les solutions.

Pour toute information complémentaire, veuillez contacter :

benjamin.saviard@icas-france.com ou vanderhek.org

OUTIL NUMÉRO 7

Calcul du ROI

Calcul du retour sur investissement orienté gains de productivité

Veuillez remplir le tableau de calcul suivant, vous n'aurez besoin que de deux chiffres de votre entreprise :

- Nombre d'employés travaillant dans votre organisation (équivalent temps plein)
- Salaire moyen au sein de votre organisation (en euros brut par personne)

Votre service des ressources humaines dispose de ces deux chiffres.

Les pourcentages de multiplication présentés ci-après avec une limite inférieure et une limite supérieure proviennent de l'expérience d'ICAS au cours des vingt dernières années. Vous pouvez prendre la limite supérieure, la limite inférieure ou tout autre pourcentage intermédiaire, en fonction de votre évaluation et de votre estimation de l'environnement de travail dans votre organisation.

Effectif global __________**employés (a)**

Nombre d'employés subissant des distractions :
(a) x 18 % à 35 % = __________employés (b)

Salaire moyen brut ____________**Euro (c)**

Coût salarial total des employés distraits :
(b) x (c) = ____________Euro (d)

Temps improductif perdu par des employés distraits :
(d) x 12 % à 25 % = ________Euro (e)

Économies possibles grâce au
Programme d'aide aux employés EAP :
(e) x 70 % à 78 % = ________Euro (f)

Coût d'un service EAP (offre ICAS) ________Euro (g)

ROI – Retour sur investissement
(f)/(g) = (e)

ROI Ratio **1 : ________(e)**

Si le retour sur investissement de l'EAP est supérieur à 1:3, l'investissement sera l'un des meilleurs que vous n'ayez jamais fait pour la productivité de votre organisation.

À vous maintenant !

Pour conclure sur les outils en lien avec les icebergs de la santé mentale, l'observation particulière en France des sujets d'étude et de presse RH soulève un contexte et une ambition sans équivoque : préoccupation majeure, changement de paradigme, enjeu clé de prévention du capital humain, évangélisation de la culture… La santé mentale se démocratise.

Si nous nous penchons sur les chiffres de quelques études récentes, comme le baromètre « Absentéisme 2023 » de Malakoff Humanis, personne ne peut rester indifférent face à l'objectivation d'un phénomène de société qui va tous nous occuper de façon croissante :

• les troubles psychologiques étaient la 3ème cause d'arrêt maladie en 2022 et représentaient 15 % de tous les arrêts;

• 31 % des arrêts longs (> à 30 jours) en 2022 étaient dus à des troubles psychologiques (vs 14 % en 2020);

• la durée moyenne des arrêts pour motifs psychologiques était de 33 jours en 2022, alors que la durée moyenne toutes causes confondues était de 19 jours.

Le 28 juin 2022, ICAS France présentait un benchmark de la santé mentale 2019-2022 (selon l'analyse statistique de 10000 cas accompagnés par an sur l'Europe de l'Ouest), dont voici quelques caractéristiques fortes :

• un triplement des demandes d'accompagnement psychologique a été observé dû à une surcharge de travail entre 2019 et 2022;

• une dégradation de la santé mentale avec un triplement des cas suicidaires observé sur la période, même si le taux de suicide (passage à l'acte) n'a pas augmenté pendant la pandémie;

Les conditions de travail sont à l'origine de 30 % des cas suicidaires.

La simple prise de conscience de la santé mentale dans toute votre entreprise conditionne les actions à venir ainsi que sa performance future, considérant que la non-prise en charge des signaux précurseurs de tous les troubles psychologiques participerait à l'augmentation du présentéisme, de l'absentéisme et à terme des maladies professionnelles, des arrêts de travail et du turnover.

Selon ICAS, pionnier international de la prévention de la santé mentale des employés, la part des collaborateurs qui s'estiment pleinement performants a pu être augmentée de 30 % à 67 % grâce aux services de son programme d'aide aux employés (EAP – Employee Assistance Program), lequel a également réduit de 34 % à 8 % la proportion de collaborateurs en congé maladie à la suite de l'accompagnement mis en place.

Nous vous proposons d'enrichir votre réflexion avec les éléments suivants ; veuillez renseigner les informations que vous maîtrisez, ou saisissez-vous des repères fournis* :

(a) Effectifs au sein de votre structure : _____

(b) Salaire moyen brut annuel : _____

(c) Masse salariale annuelle totale (A x B) : _____

(d) Taux d'absentéisme de votre structure : _____
(moy. annuelle France 2022 : 6,70 %)

(e) Nombre moyen de jours d'absence par salarié : _____
(moy. France 2022 : 24,5 jours)

* Sources : *« 15ème Baromètre de l'absentéisme Ayming - AG2R La Mondiale », Blog GERESO - Damien Péan « Absentéisme : comment calculer son coût réel ? »*

(f) Coûts directs de l'absentéisme :
(5,8 % de la masse salariale) ____

(g) Coûts indirects de l'absentéisme :
(+0,3 % des coûts directs, jusqu'à x 4) ____

(h) Ensemble des coûts directs + indirects de l'absentéisme =
(1 % de la masse salariale pour 1 % d'absentéisme) ____

(i) Présentéisme :
(1,4. à 2 fois plus élevé que le taux d'absentéisme) ____

Votre premier stade d'analyse sera de voir combien de ces différents items sont sous votre contrôle, lesquels sont une vraie surprise, et enfin d'être juste avec vous-même dans la découverte du chiffre qui va suivre.

Considérons les valeurs C et H, pour ne serait-ce qu'identifier une approche simpliste du coût de l'absentéisme (coûts directs et indirects), et ajoutons I pour introduire également la perte de création de valeur liée au présentéisme.

Quel est votre résultat : ____

Gardez bien ce montant en tête.

Maintenant, revenons aux causes racines de ce qui crée de l'absentéisme : tous ces signaux, tous ces icebergs de la santé mentale qui, possiblement non traités en matière de prévention, occasionnent au quotidien des impacts légers à forts sur vos collaborateurs. Voilà donc un levier possible de diminution de ces coûts si vous décidiez d'investir tous ces maux impactants ; en agissant durablement en matière de santé mentale, pour vous et vos collaborateurs, vous sécuriserez à terme votre performance.

En référence au montant que vous avez calculé il y a quelques instants, nous souhaitons orienter l'exercice vers le retour sur investissement que génère l'investissement dans la prévention en matière de santé mentale.

• Selon une étude au Canada, le ROI moyen estimé est de 1,62, et après 3 ans d'investissement il est de 2,8. Le rendement augmente avec les années.
(Source « Les programmes de santé mentale en milieu de travail : une valeur ajoutée pour les employés et les employeurs » - Deloitte 2019).

• En janvier 2020, une autre étude en UK fait apparaître un ROI de 5, soit 500 % de bénéfice pour chaque euro investi dans la prévention de la santé mentale.
(Source « Mental health and employers : Refreshing the case for investment » - Deloitte)

• Dans un rapport d'information déposé au Sénat le 30 mars 2022, dénommé « Construire la sécurité sociale écologique du 21e siècle », le Return On Prevention évoqué annonce un chiffre de 1,01 à 4,81, et l'OPPBTP qu'un euro investi dans la prévention offre un retour sur investissement de 2,20 € (source senat.fr).

Nous vous invitons maintenant à partager ce sujet au sein de l'entreprise, à sonder les attentes de vos employés, à poser les bons calculs, à identifier les indicateurs, à vous approprier le sujet et à mettre en place les actions qui vous définiront sur le marché.

Que risquez-vous ?

« Rien ! »

Le plus grand risque est un petit bénéfice, pour démarrer.

Bibliographie

(A) Adecco Group, *Resetting Normal: Defining the New Era of Work*, 2021

(B) Malakoff Humanis, baromètre Absentéisme, rétrospective 2016-2022

(C) ICAS (Statistiques 2022), au service de 4,5 millions de salariés dans le monde, y compris en France, ayant 35 ans d'expérience en tant que leader sur le marché de la prévention de la santé mentale pour les organisations et leurs salariés.

(D) Insee Première n° 1898 paru le 26/04/2022

(E) Kessler et al., *Lifetime Prevalence and Age-of-Onset Distributions of DSM-IV Disorders in the National Comorbidity Survey Replication*, Archives of General Psychiatry, 2005

(F) T.H. Holmes. R.H. Rahe ; *The Social Readjustment Rating Scale,* Journal of Psychosomatic Research, 1967

(G) Ministère fédéral du Travail et des Affaires sociales BMAS, *Offener Umgang mit psychischer Gesundheit - Aktuelle Ergebnisse einer Beschäftigtenund Bevölkerungsbefragung*, 2020

(H) Office of Disease Prevention and Health Promotion, *Healthy People 2030*, 2020

(I) W.M. Sweileh ; *Global research activity on mental health literacy*, Middle East Current Psychiatry, 2021

(J) Bureau d'études de politique du travail et de politique sociale BASS AG, *Covid-19 : Rapport sur l'impact du Covid-19 sur la santé mentale et les soins psychiatriques-psychothérapeutiques en Suisse*, 2021

(K) CORE 10 ; 10 questions for Clinical Outcomes in Routine Evaluation

(L) *The CORE-10: A short measure of psychological distress for routine use in the psychological therapies*
Michael Barkham, Bridgette Bewick, Tracy Mullin , Simon Gilbody, Janice Connell, Jane Cahill, John Mellor-Clark, David Richards, Gisela Unsworth & Chris Evans. Counselling and Psychotherapy Research, Volume 13, 2013 - Issue 1

ICAS FRANCE

ICAS France - 14, avenue de l'Opéra - 75001 Paris

Achevé d'imprimer en janvier 2024 par ICAS France
Dépôt légal : décembre 2023 — ISBN : 9791041524693
Crédits illustrations : ©Luc TESSON
Réalisation : Agence Ozinfos

Prix public : 14 euros

9 791041 524693

ICAS FRANCE

Présent dans 185 pays, le groupe ICAS, né en 1987, est un des grands acteurs internationaux de la santé au travail autour de la question de l'assistance aux employés (troubles psychosociaux (RPS) et troubles de la vie privée) garantissant une prévention holistique de la santé mentale. Avec 2 400 entreprises clientes en Europe, ICAS accompagne 4,5 millions d'employés auxquels s'ajoutent les membres de leur foyer). ICAS accompagne en Europe à la fois des entreprises françaises et des groupes internationaux, dont les sièges sont principalement anglo-saxons et européens, et qui sont des employeurs locaux.

ICAS France, créé en 1999, est dirigé par Benjamin SAVIARD consultant prévention santé mentale, membre de la FIRPS. (Fédération des intervenants en risques psychosociaux)

Plus d'informations sur : https://icas-france.com

ICAS et Lyra Health se sont associés en 2022 pour améliorer l'accès à des soins de santé mentale qui changent la vie des gens dans le monde entier. Fin 2023 les deux organisations ont annoncé se réunir sous une seule marque : Lyra Wellbeing.

Par conséquent « ICAS France » devient « LYRA Wellbeing France »

Auteurs :

René MARCHAND, docteur en business administration (École des hautes études commerciales), Université de Saint Gall (Suisse), Co-fondateur groupe ICAS en Suisse.

Benjamin SAVIARD, DNTS université Évry Val d'Essonne, directeur ICAS France.

Mathieu WILKENS, MS psychologie clinique, université de Fribourg (Suisse), psychologue et responsable des services supports psychologiques chez ICAS.